Maternidades subversivas

© María Llopis

María Llopis

MATERNIDADES SUBVERSIVAS

TXALAPARTA

PRIMERA EDICIÓN DE TXALAPARTA
Septiembre de 2015
CUARTA EDICIÓN DE TXALAPARTA
Noviembre de 2017

TRANSCRIPCIONES
Ismael Llopis Navarro.
Carolina Hernández Terrazas.
Lola Clavo.

TRADUCCIONES
Olivia Ocana-Quintana
(entrevista de Madison Young).
David González-Company
(entrevista de Mad Kate).
Natividad Mateos Lucero
(entrevistas de Poussy Draama,
Del LaGrace Volcano, Anne Ionoff y
Annie Sprinkle y Beth Stephens).

EDITORIAL TXALAPARTA S.L.
San Isidro 35-1A
31300 Tafalla NAFARROA
Tfno. 948 703 934
txalaparta@txalaparta.com
www.txalaparta.eus

DISEÑO DE COLECCIÓN Y CUBIERTA
Esteban Montorio

MAQUETACIÓN: Monti

DIBUJO GUARDAS: Keita Sagaki
Título: 1000x1000x1000
Cortesía de la galería CASHI

IMPRESIÓN
Gráficas Iratxe
Polígono Agustinos, calle M, 5
31160 Orkoien - Navarra

ISBN
978-84-16350-25-4
DEPÓSITO LEGAL
NA. 1698-2015

txalaparta

A Tim, que se fue.
A Roc, que vino.

PRÓLOGO DE ROSARIO HERNÁNDEZ CATALÁN

UNA HORDA DE MADRES TRANSFEMINISTAS REINDIGENIZADAS TE ACECHA, PATRIX, RETÍRATE CON ELEGANCIA

UNA MÁQUINA DE LANZAR PELOTAS DE TENIS: plas plas plas plas plas plas. Sustituye las pelotas por paquetes de dolor, plas plas plas plas plas plas. Sustituye la máquina por un coño. Un sitio maloliente, sucio, húmedo y que se infecta una y otra vez. He aquí una de las más grandes proezas del Patrix[1]: haber convertido nuestros coños en máquinas de generar dolor y además sufrimiento, que es dolor con añadido psíquico. He aquí una de las más grandes hazañas del Patrix: haber convertido a la «matrix» en un infierno húmedo, tenebroso y doloriente. Es el canceroso y peligroso «ahí abajo» que dicen todavía con pudor algunas mujeres medrósicas de dios-médico.

Duele porque así lo quiere el Patrix. Porque es justo y necesario para la magna obra de la fábrica en serie de soldados, ciudadanas, votantes, consumidores, productoras, especuladores... La magna obra de generar morales de esclavxs y morales de amxs. Ya nos avisó la lúcida Casilda Rodrigáñez. Ahora bien, les costó milenios, que un patriarcado en un planeta no se instala de la noche a la mañana. Se necesita mucha inversión en ingeniería

1.- Patriarcado + Matrix.

social durante largo tiempo. Solo deseo y exijo que a las mujeres y a los hombres libres que todavía quedamos nos cueste algo menos revertir esta situación.

Escribo el prólogo de este libro embarazada de ocho meses. Embarazada, no enferma. Con 35 años y tres canas en mi frente, puedo decir que ya entiendo un poco cómo funciona el mundo. Que sé de algunas claves para salirnos de este atolladero civilizatorio en el que andamos metidas desde hace milenios. Sé por dónde piso. Joder, qué claro lo veo todo, qué claro lo ven la Llopis y sus entrevistadas. La racionalidad está de nuestra parte. No tengo ningún vacío existencial que rellenar a través de la maternidad. Por eso puedo ser madre. No voy a ser una madre patriarcal, es decir, una madre que pare y cría a su hijo para hacer de él un buen siervo del Estado y del Capitalismo. No lo prepararé para que compita en el aula. No lo prepararé para que tenga un trabajo de oprimido y mucho menos de opresor. Pero si se empeña en seguir las normas del sistema, yo tampoco pelearé mucho. Allá él con su libre albedrío. La libertad es el bien supremo, que decía mi amigo Don Quijote.

Sabemos muy bien lo que durante milenios han hecho de la maternidad. La han dejado destrozadina del todo. En expresión de otra grande, Victoria Sau, lo que nos ha quedado es el «vacío de la maternidad». Una maternidad tontona e inconsciente, en el mejor de los casos, o una maternidad sierva astuta del sistema, en los casos más alienados. Una maternidad perra guardiana de finca ajena, de la hacienda Patrix. Lo sabemos muy bien. Nos han llovido torrentes de información, conocimiento y sabiduría para entender todas las claves de este atolladero civilizatorio. Información que tenemos que transmutar en conocimiento, y conocimiento que tenemos que alquimizar en sabiduría. Sabemos ya mucho, por tanto tenemos que hacer. Saber haciendo y hacer sabiendo. En este libro encontrarás muchas de esas claves. Una manada de mujeres verterá sobre tu mente y sobre tu coño una serie de ideas subversivas, racionales y apasionadas que te harán salirte un poco del complot de Patrix. Seguro, porque en este libro te vas a encontrar ideas fuerza poderosísimas. Oirás hablar a la manada del libro de María de cuestiones radicales, porque nos urge sumergirnos en el pensamiento y la acción radicales, que *radical* viene del latín «radici», que significa raíz. Ya estuvo bueno de parches y de nataciones superficiales en piscinas cloradas. Hay que sumergirse en las aguas más abisales para encontrar la raíz de la metástasis patriarcal desarrollista, hay que bucear radical para arrancar esas raíces cancerosas y dejar de paso bien limpios los rizomas del árbol de la vida. Por eso necesitamos pensamientos y obras radicales como las que anegan el libro de María. Te vas a encontrar conceptos, acciones y denuncias radicales como los siguientes: re-indigenarse, crianza compartida, teta anticapitalista, tiempo detenido, ecosexualidad, Tierra amante, cómo afrontar un aborto espontáneo, peligros de amor romántico maternal, violencia obstétrica y persecución del aborto, vivisecciones a esclavas negras para que los ginecólogos catalogaran nuestra fisiología, ginecólogos que asesinan a decenas de mujeres embarazadas de nueve meses para seguir «avanzando» en su «saber», diagnósticos prenatales como tortura psicológica a la preñada, matriarcados que perviven, lactancias orgásmicas, madres insoportables, infancias turbias que se revelan cuando te haces madre, parto extático, el parto como experiencia transpersonal, parto como apertura a una sexualidad poderosísima y partos sencillamente sencillos, MaPaternidad intersexual, trans* y queer, partería tradicional transcendental, danzas ancestrales de fertilidad y danzas ancestrales de contracepción, autogestión, frugalidad y apoyo mutuo, curanderas transhackfeministas, creer con furia en la salud autogestionada, colectiva y horizontal, autogestión de la tecnología médica y DIY-DIT de tecnologías de diagnóstico, ciencia vanguardista combinada con el saber más ancestral, GYNEpunk biolab, trabajadoras sexuales y actrices porno que no ocultan su maternidad... La de mi madre, te vas a encontrar la de mi madre en el libro de María.

Y todas estas elementas son creadoras y criadoras. Creación y crianza. Otra vez la etimología nos da pistas, «criar» y «crear» vienen del latín «creare». Recuerdo un verso de Gonzalo de Berceo: «Dios criador, cuál maravilla», de los tiempos del castellano antiguo en que todavía fluctuaban criador-creador. Dios criador y no creador. Significativo. Pero, con el tiempo, el cultismo «crear» se dejó para la obra de Dios y del hombre artista endiosado. Solo Dios y Miguel Ángel pueden crear. Oh, la creación solo accesible a demiurgos con buen rabo. Y la versión vulgar del «creare», con esa «i» agudita, se fue para lo femenino y hembroso, y así nosotras y las otras animales nos quedamos con el «criar». Nada de crear. El criar para las mujeres, para las hembras en sus pisitos. El crear para Dios y los artistas endiosados en sus estudios. Pues va a ser que no, y mucho menos para las mujeres entrevistadas por Llopis. Criar, crear e... inventar, otro verbo que se las trae. Porque aquí se entreteje todo y también estas mujeres inventan, inventan máquinas para la autogestión de la salud, por poner solo un ejemplo de autogestión de la invención. Ingenieros de la Dupont, no estáis solos. Duponitas, proletarios del MIT y demás asalariados del I+D, una horda de hackers feministas reindigenizadas os acecha.

Pensemos en esa fórmula tan citada del tipo ese, Albert Einstein: $E=MC^2$. Energía igual a materia por constante al cuadrado. Donde la constante al cuadrado es la velocidad de la luz. Ahora no sé dónde poner la velocidad de la luz. Pero si nos centramos en las otras dos variables, la Energía y la Materia lo puedo hacer mejor. Puedo construir mejor la metáfora que os quiero transmitir. Si yo soy un Patrix supremo lo que tengo que hacer con este planeta para llegar al atolladero civilizatorio actual (repito mucho lo de atolladero civilizatorio adrede) es controlar esas dos variables, tengo que controlar a Energía y a Materia. Simplificando mucho podemos decir que la materia la pone el propio planeta Tierra. Como buen poderópata tengo que controlar por tanto toda la materia emanada de Gaia: minerales, aguas, terrenos, árboles, plantas, semillas, animales no humanos... Ya sabéis de las linduras de todos los imperios que en el mundo han sido, todos ellos, depredadores desarrollistas. Ya sabéis en qué consiste el asunto: en violar una y otra vez a la Tierra, sea como sea, de las formas más variopintas. Desde la gran perversión original de la propiedad privada de la tierra a la gran perversión de las patentes de la vida, a la gran perversión de las semillas cautivas transgénicas. Todo aquello tan denunciado por la sabiduría ancestral indígena que todavía nos queda. Que pueblo originario y sabio en su relación con la tierra hasta en Europa lo hubo antes de imperios griegos, romanos, andalusís y demás desarrollismos recientes.

Y nos falta ver qué se ha hecho con la otra variable, con la Energía. Dejando a un lado las energías emanadas de la tierra, que a esas las ponemos en el lote de la Materia (la energía emanada de leñas, aguas, fósiles y otros minerales de las entrañas de la Tierra), la Energía que el poderópata supremo ha de controlar para llegar a donde hemos llegado es el trabajo humano. No hace falta ser muy marxista para entender esto. Desde la gran perversión del trabajo esclavo, que siempre ha sustentado a todo imperio, hasta la gran perversión del trabajo asalariado (ah, el dinero) falsamente autónomo donde el ser humano interioriza en lo más profundo de su psique a un pequeño tirano en forma de reloj (ah, santo reloj que unificas naciones, verdadera máquina de control de cuerpos y almas). ¿Y esta energía que es el trabajo quién la produce? Pues los cuerpos y las psiques de esos animales llamados seres humanos. ¿Y quién produce a esos seres tan eficientes y esforzados? Las mujeres, hembrificadas y basureadas. Por tanto, para controlar la materia de Gaia es necesario controlar a las hembras por la gran utilidad de unos úteros fabricantes de humanos y humanas que generen la energía trabajo. Y entonces es cuando quedan estrechamente unidos Patriarcado y Capitalismo-Estado (matrimonio indisoluble este último). Estrechamente unidos como la doble hélice de ADN, como dos guedejas en un rizo de peluquería, en uno de esos tirabuzones horteras recién salidos de la freiduría de pelo que es la permanente.

Y por seguir con las metáforas, apelo ahora a la condición terrícola de las mujeres y hombres libres, frente a la condición extraterrestre de los poderópatas. Porque han de ser extraterrestres en vista de cómo tratan a la Tierra y al ser humano. Los grandes gestores de la Historia y del presente apestoso han de ser de otro planeta, porque semejante comportamiento no puede ser propio de las hijas e hijos de Gaia. Insisto: es una metáfora, no soy de las que cree que Rumsfeld, Bill Gates o Florentino Pérez son marcianos Annunakis tipo V. Ya podía ser así de sencillita la trama. Pero no... Y no sé muy bien qué hacer con la velocidad de la luz al cuadrado, esa parte de la ecuación se la dejo a otra. Te la dejo a ti, que leerás ávida este libro. Pues estas palabras, cosechadas por María, enganchan, porque la verdad y la rebelión son adictivas.

Por todo lo expuesto, es importante que tengamos muy claro qué le han hecho a la maternidad como institución, qué le han hecho como biología, cómo han jodido nuestra fisiología a golpe de misas, inquisiciones, miedos múltiples y yatrogenias biocapitalistas. Qué le han hecho a nuestros coños hoy tan dolorientos pero ayer y mañana tan placenteros. Porque la cuestión de la maternidad, los coños y los úteros no es una nota a pie de página ni de la Historia ni de la Biología. Porque es ahí dónde y cómo se fabrican futuros seres libres o futuros seres esclavos. Y he aquí que el control de los úteros es la principal fuente de dominación de la especie desde que empezó esta mierda que llamo Patrix, rizo con tres guedejas que me cuesta separar, las tres guedejas son Patriarcado, Capitalismo y Estado, tanto monta monta tanto. Con sus racismos, sexismos, especismos... Bueno, esto es un resumen así bien cortito para recordar que la historia de los modos de producción de la especie, es decir, la historia del control de nuestros úteros, es algo fascinante, y que más valiera que en las j-aulas se enseñara algo más de esto y algo menos de las guerras de reyezuelos obesos y mongolos. También sería un detalle que, en esas clases de preparación al parto que a veces la Seguridad Social nos limosnea, sería un detalle, digo, que se impartiera un poco de la historia de la maternidad y de historia de la ginecología. Más de una iba a sufrir la tan necesaria revuelta interior y exterior, eso, y no Yodocefol ni oxitocina ni epidural, es lo que nos urge.

ROSARIO HERNÁNDEZ CATALÁN,
21 de marzo de 2015.
En Boiro, concejo de Ibias, reducto de la Europa indígena y tutelada por el bosque Munierllos. Asturias.

www.rosariohernandezcatalan.com

INTRODUCCIÓN

«Yo no tuve estrictamente un orgasmo en mi parto (o al menos como yo los había tenido hasta entonces). Noté que había acabado la dilatación porque, de pronto, sentía que me cagaba y que una gran bola de fuego me reventaba el culo y la vagina. No era estrictamente dolor, era algo salvaje, rabioso, como si toda la fuerza en erupción del cosmos explotara en mi coño. Recuerdo que, como poseída, a cada contracción gritaba, de rodillas y cogiéndome del cabezal de la cama. No veía a nadie. No escuchaba a nadie. Yo, mi cuerpo y mi hija estábamos en otra parte. Y solo sentía el fuego. De pronto, Clara salió y aquel fuego que me reventaba se frenó en seco. Antes de que le cortaran el cordón, mi hija trepó ella solita hasta mis tetas, se enganchó al pezón y ya no se separó. Durante las horas siguientes, me sentí como una diosa, fuerte, pletórica, a la que el mundo aplaudía (obviamente con justicia). Sentía que tenía fuerzas para empezar otra vez el parto y que, incluso, podía correr una maratón. En su lugar, me comí dos bocadillos de jamón. Mientras los devoraba, mi pareja me dijo lo que ya ha quedado como el leitmotiv del parto: que era imposible saber quién gritaba, si una mujer, una vaca o un dinosaurio. En fin. Que nunca sentí que una polla me reventara de esa manera. Ni tampoco ese fuego ni esa euforia. Aquello fue una (bendita) salvajada».

NÚRIA M. MARTÍN

YO CREO EN LOS CUERPOS. Me la suda la cultura, la intelectualidad, la ciencia y el conocimiento. Yo creo en lo salvaje, en la naturaleza, en la fuerza de nuestros instintos. Mi cuerpo busca el placer. A veces encuentra el placer en el dolor, porque el dolor es una emoción intensa y poderosa que tiene el poder de sanar. Mi cuerpo es sabio, y mi mente es solo un órgano más, que intenta explicarme el mundo a través de teorías y etiquetas que no son sino construcciones artificiales.

Yo siento que la maternidad es un estadio sexual de los cuerpos. Lo he sentido así en mi propio cuerpo incluso antes de ser madre biológica. No me parece casualidad que lxs críxs se gesten en los úteros. Los mismos úteros que se mueven cuando nos excitamos y tenemos un orgasmo. Los partos extáticos son una realidad. La succión del pezón por parte de un amante genera placer, así como la succión del bebé para mamar desencadena el mismo proceso hormonal. El embarazo es un periodo donde la vulva se hincha y te corres en tres segundos con un solo roce. Somos seres salvajes, sexuales y brutales. Desde que nacemos. Y esa animalidad es sagrada. Nuestra sexualidad salvaje es divina. Y la maternidad es una forma de vivir nuestra sexualidad salvaje para así conectarnos con lo sagrado, con lo divino. El budismo tántrico lo explica muy bien, joder. Tanta racionalidad nos tiene idiotizados. Estoy harta de nuestro miedo a tener en cuenta la dimensión espiritual de nuestro ser. En tanto estemos desconectados de esa energía sagrada, sexual y maternal, estaremos jodidos.

Porque estamos bien jodidos, en esta sociedad desde la que escribo. Tenemos tantas reglas y normas sobre lo que deben sentir nuestros cuerpos que ya no sentimos, y menos gozamos, ni de la maternidad, ni de la vida ni de nada. Pero lo último que quisiera es que leer estas entrevistas nos hiciera sentir que no somos lo suficientemente fantásticas –o feministas– si no nos corremos en cada estadio de la maternidad como perras salvajes. Es como la eyaculación femenina, es genial que muchas mujeres puedan disfrutarla, pero yo no soy menos feminista si no eyaculo. Leed a Diana J. Torres y su *Coño potens*. Tenemos que pasar la voz, hacernos escuchar, protestar y visibilizar otras realidades que desafían el sistema. Esa es la mejor forma de vengarse.

Y para lxs extincionistas: No tengáis hijxs si no queréis –¡de hecho somos demasiadxs en este planeta!–, pero no me digáis que la maternidad no va con vosotrxs. La maternidad es mucho más que maternidad biológica. Hay un montón de personas viviendo la maternidad de una forma plural, más allá de las limitaciones que impone la construcción social del género. Más allá de las limitaciones de un tipo de sociedad heteronormativa, más allá de las limitaciones de la sexualidad coitocentrista. Más allá de cómo el patriarcado capitalista ignora los cuidados, que son la base de la supervivencia de la sociedad.

Por eso he entrevistado a cada una de las personas que forman este libro, porque cada una ofrece un punto de vista diferente sobre la maternidad salvaje, gozosa y no normativa. Algunas son padres o madres biológicos, otras lo son de acogida o adoptivos, otras están en proyectos de crianza compartida y otras no lo son por elección propia. Cada una de ellas subvierte la concepción de la maternidad impuesta desde el sistema patriarcal. Cada una es salvaje y bestial a su manera y yo amo a todas esas personas salvajes, por existir, por dejarse guiar por su instinto sin miedo y por enseñarme tanto.

Entrevistas

Dani Requeni

Sarri Wilde

Parto extático
La maternidad como estadio sexual

EL PARTO EXTÁTICO TAMBIÉN SE CONOCE como parto orgásmico, pero voy a utilizar el término extático en su lugar. La cuestión no es si llegas al orgasmo o no –al igual que en una relación sexual de cualquier tipo– sino si la experiencia es satisfactoria en su conjunto o no. Existe un gran prejuicio con este tipo de partos, hasta el punto de que muchas de las mujeres que lo han vivido, lo mantienen en secreto. Es más frecuente de lo que parece, y ha existido siempre. El parto extático sería un estadio más de la maternidad como estadio sexual, junto con el embarazo y la lactancia gozosos. Yo quiero pensar que hubo un tiempo en el que siempre parimos con placer, antes de que la maldición bíblica (y patriarcal) cayera sobre nosotras. Si quieres leer más sobre el tema puedes consultar el libro *Parirás con placer*, de Casilda Rodrigáñez, o el documental *Orgasmic Birth*, de Debra Pascali-Bonaro.

Sarri Wilde es una mujer a la que la maternidad le abrió las puertas a una sexualidad libre y salvaje hasta entonces desconocida. Es una mujer suave y dulce cuando la conoces, que te sorprende de forma inmediata y brutal por la fuerza

> «A mí la sexualidad se me despertó en el parto»

de su discurso. Ella fue una esas mujeres afortunadas que parieron ya no con dolor sino con un placer infinito. Y le pilló por sorpresa. Y le cambió la vida.

Vive en Valencia y se dedica a dinamizar (¡y dinamitar!) espacios con actividades culturales y artísticas. Tiene una hija y un hijo. Nos conocimos a través de una amiga común, que me envió su contacto en cuanto se enteró de que el parto orgásmico era uno de los temas que quería abordar. Fue la primera entrevista que hice y con ella quiero empezar este viaje.

Estamos en una horchatería de Ruzafa, en Valencia, en un caluroso día de verano de 2013. Comenzamos hablando de crianza y feminismos.

SARRI: Yo tengo muchas conversaciones sobre feminismo con Marceline, por su forma de ser, me sale muy natural. A él, como no me pregunta, pues lo voy dejando. Eso me hizo pensar. Yo tengo dos hermanos y me acordé de cómo mi madre también hablaba más conmigo que con ellos. Y te dices: «Mira, en el fondo estás haciendo lo mismo». Aunque la conversación de mi madre no fuera la más acertada. Mi madre nos hablaba de prudencia. De que ellos solo quieren sexo. Y siempre con miedos. Mis conversaciones son distintas, pero las formas son las mismas. Mi madre lo que tenía que haber hecho es tener conversaciones con mis hermanos, haberles advertido. «Cuidado con cómo tratáis a las mujeres, hay que tratarlas con respeto».

Ahora he cambiado el chip y he comenzado a hablar con Jack, aunque él no me pregunte.

MARÍA: Cuéntame cómo ha sido para ti la experiencia de la maternidad.

S: Cuando me quedé embarazada era consciente de la importancia de la lactancia prolongada. Leí que para que una lactancia fuera exitosa, el parto debía ser bueno. Entonces me empezó a preocupar que mi parto fuera lo más respetado posible. Pero todo orientado no al parto en sí mismo, sino a la lactancia.

Fui a hablar con una amiga que había parido en casa. Me apetecía mucho pero a la vez tenía miedos. Me puse en contacto con un ginecólogo que había llevado partos en casa y me dio mucha confianza hablar con él. Acordamos tener el parto en el hospital. Todo con mucho respeto. Toda la preparación del parto la tuve en casa. Yo le iba llamando por teléfono para ver si había que ir ya al hospital y él me decía que no, que apurara. Y eso estuvo muy bien.

Cuando ya estábamos en el hospital, tuve la mala fortuna de que entró una matrona cuando yo estaba medio dormida y me rompió la bolsa. Además, mandó a mi pareja, al padre de Marceline, fuera: «¿Puedes traer no sé que?». Cuando él llegó, se enfadó mucho con ella. Además, nosotros no queríamos que se me pusiera goteo. Yo estaba muy adormecida por el cansancio y cuando me desperté tenía el goteo, rota la bolsa y a Groco enfadadísimo. Luego descubrimos que ella se tenía que ir, que quería quitarse ese parto de encima. Tampoco estaba el ginecólogo y cuando vino también se enfadó muchísimo.

Pero a pesar de esta matrona, tuvimos la suerte de que todo fue bien. Parí, dentro de lo que es un hospital, muy natural.

M: Me alegro mucho. ¿Fue un parto gozoso?

S: Ahí es donde me sorprendí muchísimo, porque yo no conocía nada de esto. Pero como me dejaron mucho rato sola con mi pareja, a mí me dio por bailar. No sabía por qué, no quería más que abrazarlo y bailar con él, no voy a decir que muy sexual, pero sí con muchas ganas. Le decía: «Bésame, bésame, abrázame». Yo no había leído nada sobre el tema de sexualidad y parto, todo esto lo leí después. Hasta ese punto de mi vida, mi sexualidad era muy corrientita. Incluso te diría que yo no tenía mucho interés por ella. A mí la sexualidad se me despertó ese día, en el parto. Groco siempre lo dice: «Ha sido la vez que más cariñosa te he visto». Yo siempre había sido muy fría.

Yo estaba que no quería más que abrazos, que me tocase. Me lo llevé al baño y le dije: «Si pudiese te haría el amor ahora». Nos reímos mucho con eso. Fue muy divertido. Yo hacía un baile muy raro, como un baile de eses, me agachaba y me levantaba. Luego he investigado sobre este baile que hacen las mujeres de forma instintiva al parir. Me salió de manera instintiva porque me dejaron estar allí con mi pareja, tranquila. Me agachaba y me levantaba haciendo eses.

A partir de ese momento mi sexualidad cambió mucho. ¡Se me despertó! Teníamos sexo continuamente y por eso vino el siguiente embarazo también. Ha sido casi mi mejor sexo, entre los dos nanos.

Cuando me quedé embarazada de nuevo tuve muy claro que esta vez iba a parir en casa. Empecé a investigar por qué había bailado tanto en mi primer parto. Empecé a investigar sobre bailes y eso me llevó a leer a Casilda Rodrigáñez. Por el parto placentero del que hablaba ella, el parto feliz. El parto sin dolor, porque yo no había tenido dolor. Lo hablé con mi madre y ella me dijo que tampoco había tenido ningún dolor.

Yo no definiría como dolor en absoluto lo que sentí. Yo hablaría de cansancio, como cuando uno se cansa de caminar. Quizás hay mujeres que lo vean como dolor... Quizás yo le encontré el placer al dolor, no lo sé. Porque luego pienso: a lo mejor sí era dolor pero no era el dolor malo, era un dolor orgánico, esa es la palabra. Dolor orgánico.

En aquel momento no sabía ponerle palabras, lo he sabido hacer después, al leer. Me decía: «¿Cómo explico yo esto que me ha pasado?». Me tenía que callar, no podía contárselo a nadie. Investigar sobre esto me ayudó a poner palabras a lo que yo había sentido. Las palabras por supuesto son de Casilda y de mucha otra gente que ha escrito sobre el tema, pero son palabras que representan lo que yo sentí.

Cuando me quedé embarazada de Jack, todavía le daba el pecho a Marceline. Jamás he sentido tanto placer dando el pecho como cuando estaba embarazada. Tuve mucho apetito sexual durante el embarazo de Marceline. No es muy común, creo, a muchas mujeres por lo visto se les corta el apetito.

M: A unas sí y a otras no. A las que sí, mucho; y a las que no, nada. Es como que no hay un punto medio.

S: Yo me ponía de lado en la cama y, solo con ponerme la almohada, decía: «¡Joder, ya!». Fue de lo mejor que me ha pasado. Treinta y pico años con una sexualidad que yo creía que estaba bien y resulta que todavía tenía que vivir esto.

M: ¿Qué tal fue el parto de Jack?

S: El parto de Jack sabía que tenía que ser en casa. Me lo llevó Amparo de Vargas, del centro naturista, y fue estupendísimo. Si con Marceline no había sentido dolor, con este parto fue algo increíble.

M: Ponle palabras, yo te veo la cara, pero el que lea esta entrevista no la podrá ver. ¿Qué fue ese «algo»?

S: Lo más bonito. Lo más bello.

A mí me da pena que mis partos durasen tan poco. Fueron tan rápidos que yo me decía: «No, no, ya no». Y el embarazo y todo... Yo estoy hecha para estar preñada.

M: ¡Ten otro!

S: No. No, porque luego la crianza es muy dura y la vida de una la lleva a otras cosas. A mí eso me ha descubierto un mundo muy bello. Yo entiendo que antes algunas mujeres estuvieran siempre embarazadas. Ahora lo entiendo. ¡Esta disfrutó, pero bien, en su vida!

M: ¿Podrías nombrar la experiencia de parir a Marceline y a Jack como una experiencia sexual? Porque yo considero el embarazo, el parto y la lactancia como un estadio sexual más en la vida de una mujer.

S: Hasta que nació Marceline yo solo había tenido sexo con una persona. Había tenido dos amantes anteriores pero fueron un aquí te pillo, aquí te mato.

Yo descubrí mi sexualidad con el embarazo. A mí no me hizo mujer la regla. A mí me hizo mujer mi embarazo. Yo ahí descubrí mi sexualidad. Claro que me había tocado, pero no me había tocado como luego he sabido tocarme. Ahí descubrí realmente el punto sexual que puedo llegar a tener.

De hecho, después de nacer Jack, me separé porque necesitaba más experiencia sexual.

He estado muchos años sin pareja, viviendo relaciones sexuales bestiales. Salía solo para llevarme a uno, a dos o a tres a la cama. Me dije: «No me puedo morir así, sin experimentar más, con lo que he descubierto». Y arriesgué mucho, porque me separé enamorada. Pero mira, la vida es así.

M: ¿Él no estaba dispuesto a abrir la relación, a tener una relación abierta?

S: No lo planteé. Yo soy muy independiente, no lo decidí con él. Yo le informé de mi decisión. Ni siquiera se me planteó esa posibilidad.

M: ¿Sabes que me gustaría que me contaras lo que creo que nos hemos dejado por el camino? Los estadios del parto, ya sabes, la dilatación, luego los pujos, el expulsivo, la parte que sentiste como orgásmica o extática. Yo tuve muy buen parto pero hubo un momento, cuando ya estaba completamente dilatada, en el que conecté con un dolor muy profundo. Ahí se acabó para mí la parte gozosa, de golpe.

S: El de Marceline fue todo un descubrimiento, iba sorprendiéndome de cada cosa que me iba pasando. Con Jack ya sabía lo que iba a pasar.

M: He hablado con otras mujeres que han experimentado partos orgásmicos o extáticos y me comentaban que es en la fase del expulsivo cuando sintieron que su placer culminaba en un enorme orgasmo.

S: Para mí el parto orgásmico no existe como algo dividido o separado de la sexualidad de la mujer. Yo descubrí mi sexualidad con el embarazo y no la he perdido. El parto formó parte de esa evolución que yo tuve.

Con el parto de mi segundo hijo tengo un recuerdo más nítido de todo el proceso. Yo estaba ya a término, en la cama, dándole el pecho a Marceline y estaba teniendo un orgasmo. Me mojé mucho y me levanté extrañada. Fue entonces cuando me di cuenta de que había roto aguas.

Bajé las escaleras, porque vivía en una casa de dos plantas, mientras se me caía el agua, y le dije a Groco: «Ha comenzado el parto». Yo venía de una corrida ya. Y la cosa siguió.

Es como cuando estás teniendo sexo, si puedes seguir te puedes correr varias veces. A mí mi pareja sexual me tiene que decir que me pare porque, si no, yo soy un orgasmo tras otro.

Sigo. Me senté en el sofá. Yo estaba tocándome todo el rato. Llegué a sacar a Groco de la habitación porque no quería sentirme observada mientras me masturbaba.

Así como en el parto de Marceline solo quería bailar con él, en este parto le eché de la habitación. Quería estar tranquila.

Yo me revolvía como un animal salvaje, por el suelo, por el sofá, por todos lados. Me restregaba por todo.

Me puse a cuatro patas y empezó a salir el bebé. En ese momento entraba por la puerta Amparo, la matrona. Groco le había dejado la puerta abierta. Le comentó que yo le había pedido a él que se quedara fuera. Groco le dejó la puerta abierta a la matrona para que no tuviera que llamar y no se cortara el parto. Ella cuenta que abrió la puerta y que me vio a cuatro patas mientras salía la cabeza de Jack, y que gritó: «¡Con abdomen, con abdomen!». Yo recuerdo eso también. Me puse de pie y salió. Estaba de verdad totalmente extasiada.

M: Tú no puedes decir el orgasmo fue en tal fase o en tal otra. De hecho la pregunta es ridícula en sí misma.

S: Lo que diferencia mi sexualidad de antes de parir a mi sexualidad de ahora es que ahora soy yo quien maneja mis orgasmos y por lo tanto mi sexualidad.

Yo eché a Groco de la habitación porque me estaba dando placer a mí misma y no necesitaba que estuviese allí. Y da igual la persona con quien esté ahora teniendo relaciones, mi sexualidad sigue de egoísta.

Amparo y Groco entraron en la habitación cuando el bebé ya salía. Aún recuerdo que me llevaron a la ducha, yo estaba tan extasiada que no me acordaba ni de que había tenido un bebé. Amparo me lo tuvo que poner al pecho. ¿Yo dar el pecho? Buuffff, yo quiero seguir sintiendo placer...

La placenta había salido ya y yo estaba súper cansada. No fue como el parto de Marceline en el que me encargué yo de todo lo concerniente a la criatura. A Jack lo vistió y lo arregló Groco. No lo bañó porque Amparo no era partidaria.

Todo lo hizo él. Incluso me sacó el pecho para que mamara Jack. No sé si se agarró o no, yo no me acuerdo. Al parecer no se cogió en el momento, pero no nos preocupó porque ya teníamos experiencia y sabíamos que se cogería más tarde y listo.

De todas formas, yo ya tenía leche porque estaba con la lactancia de Marceline. Me acuerdo de que por la mañana Marceline se despertó y dijo: «Mami, tetita». Se agarró en un pecho y en el otro tenía a Jack mamando. Y ella me preguntó: «¿Me has comprado un muñeco?». Le contesté que era su hermano y la chiquilla flipó. Ahí ya Jack se había agarrado. Recuerdo bien que se agarró por la mañana.

M: ¿Y qué tal había sido el agarre de Marceline?

S: Precioso. El ginecólogo que me atendió sabía la importancia que tenía para mí la lactancia, así que cuando Marceline nació me la puso en la barriga inmediatamente. Marceline reptó con el cordón puesto todavía y se agarró sola. El ginecólogo me decía: «No la toques. Tú, cerquita, pero no la lleves». Se agarró sola, sin dolores, sin problemas de posición. Se agarró como una profesional, que digo yo. Y no se soltó. Estuvo tres años y pico mamando. Jack no fue tan animal.

M: Estoy empezando a trabajar ahora de Doula y la mujer a la que acompaño me pregunta siempre: «¿Y cuándo me duela qué hago?». Y yo le digo: «¿Y si no empieza a dolerte?». Su madre y su abuela tuvieron muy buenos partos y nunca le dolió la regla. Así que a lo mejor tampoco le dolerá parir.

S: A mí tampoco me duele la regla. Con mi madre nunca se me había ocurrido hablar del parto. Fue después cuando le dije: «Mamá, a mí esto no me ha dolido». Y ella me respondió: «No, no duele. Yo he tenido tres y nunca me dolió».

Ella se enfadó mucho en su tercer parto porque le dieron una pastilla para el dolor sin consultarle.

M: ¿Ella los tuvo en hospital?
S: Sí, en hospital.

M: ¿Has llegado a hablar de sexualidad con ella?
S: No, con mi madre no. Esto no lo he hablado con mucha gente. Para mí todo esto fue un descubrimiento bestial. Con Marceline fue una locura. Llegué hasta a acudir al psicólogo. Porque no sabía qué me pasaba. ¡Tenía en ese momento una necesidad tan grande de ampliar mi sexualidad!

M: ¿Te ayudaron los textos de Casilda?
S: Yo me he leído todos sus libros y textos. Fue entonces cuando me dije a mí misma: «¡No estoy loca!». Como te decía antes, ella le dio palabras. Le dio significado a un sentimiento. Eso me llevó a racionalizar al final.

M: Y a poder dejarte llevar en el parto de Jack.
S: Sí. Cuando yo llegué al parto de Jack estaba con una autoestima muy fuerte ya. Yo sabía todo lo que estaba pasando y todo tenía ya su nombre.
Cuando le conté el parto de Marceline a mi comadrona, me dijo que mi segundo parto iba a ser muy rápido. Y yo pensé: «Joder, ¡pues no me voy ni a enterar!».
Con Marceline el periodo de las contracciones sí fue muy largo. Con Jack tuve contracciones a la hora que nació durante un mes. Todos los días a las diez de la noche. Yo lo achacaba a que acababa de dormir a Marceline y de darle el pecho.
Amparo me dijo que yo empecé el proceso de parto con esas contracciones. Que mi cuerpo estaba ya dilatando y preparándose para parir.

M: Qué sabia es tu comadrona. Me gustaría que me contases más sobre los cambios que se produjeron en tu sexualidad. Quería preguntarte si en esas nuevas relaciones sexuales que has establecido con el mundo, y con tu propio cuerpo, hay personas de ambos géneros y distinto sexo.

S: Ha cambiado toda mi sexualidad, porque sin darme cuenta yo tenía un peso cristiano muy grande que se disolvió. Cuando me separé de Groco, tenía muy claro que solo quería vivir experiencias sexuales. Me he abierto a todo, a todo. Aunque con animales no he probado (risas). He estado con dos chicos a la vez, con dos chicos y una chica, etc. Ahora estoy con una persona fija, desde hace algunos meses. Yo misma estoy sorprendida, porque no era mi intención. Estoy sorprendida porque él tenía miedo de mí, porque me conoció siendo una persona con una sexualidad muy abierta.

He aprendido a ser fiel a mí, no fiel a las personas. Yo soy fiel a lo que estoy sintiendo. Lo que no voy a hacer es traicionarme a mí misma.

No pienso en serle fiel a él, ni en respetarle a él. El día que no quiera seguir con él, va a ser por mí.

El sexo no empieza en el momento en el que te desnudas, a veces empieza ya en el cortejo. Mi sexualidad cambia desde el momento en que soy yo quien empieza a elegir a las personas. Soy yo quien corteja, desde ahí es donde cambia mi sexualidad.

Te voy a poner un ejemplo. Tuve un amante que era taoísta y practicaba el sexo tántrico. Cuando le conocí me interesó mucho porque yo quería practicar todo eso. No porque me gustase o no él. Luego no fue lo que yo esperaba. Quizás tenía demasiadas expectativas. Sin embargo, a partir de ahí he leído sobre tantra y lo he puesto en práctica. Y ahí sí fue bien.

Estoy muy contenta de la sexualidad que tengo. Lo veo como fruto de mi trayectoria personal: el haberme quitado el sentimiento de culpa, el llevar a cabo mis deseos, el sentir que controlo cada situación. Todo pasa porque tú lo decides.

Soy muy curiosa y me gusta leer de todo. Pero esto no lo leí, a mí esto me vino. Ha sido una de las pocas cosas en mi vida que ha sido pura experiencia y pura vitalidad. Lo leí después y ya pude ponerle nombre a todo. Es una cuestión de experiencia vital, de que la gente esté preparada para aceptar eso. ¡Y aceptar que no todas tenemos por qué sentir un parto orgásmico! ¡Imagínate qué presión!

Mis amigas y yo nos reunimos cada miércoles y hablamos de sexo y otras cosas. Y me dicen que como soy multiorgásmica pues lo tengo más fácil. Yo contesto que siempre no, que siempre que puedo y que quiero. A veces no. Algunas veces no quiero y otras no puedo. Y algunas veces, no pudiendo, ha sido de las mejores experiencias sexuales que he tenido. No me pongo un objetivo, voy a pasármelo bien. Incluso sin penetración. He tenido orgasmos maravillosos sin penetración y casi sin tocarme.

Lo peor es ponerse un estándar tipo «esto tiene que ser así». Esta actitud es muy masculina, desafortunadamente.

M: Con un parto también debiéramos decirnos algo así: «Yo he venido aquí a pasármelo bien, a disfrutar, a vivirlo».

S: En la vida deberíamos buscar el placer en todo. Que luego se nos olvida. Quizás te vaya a doler el parto y, quizás, incluso ese dolor te guste. Déjame que me guste. ¿Por qué tiene que ser el dolor malo? Yo voy a pasármelo bien, aunque haya llorado, gritado, arañado. ¿Me lo he pasado bien? Pues déjame con mi placer.

No tienes por qué llegar a un orgasmo para tener un buen parto, puedes sentir mucho dolor y tener un buen parto. Puedes tener un parto placentero. Si al final la filosofía es: busca el placer en tu vida. Un niño lo hace. Hace algo y le duele y no lo vuelve a hacer. Busca el placer todo el rato. Luego cuando nos hacemos mayores con toda la educación impuesta se nos olvida lo básico.

Nos tenemos que esforzar, sí, pero la pregunta es: ¿te produce placer esforzarte?

Por eso, cuando estás en el parto activo, la mujer se mueve tanto. Va buscando, aquí no, ahora sí. En el sexo es igual. Ahora cambio, ¿y por qué has cambiado si estaba bien como estábamos follando? Porque quiero más. En el parto es muy parecido. Vas cambiando de posturas, vas buscando, lo encuentras, va bien y luego, de repente, se atranca, se atranca la contracción. En el sexo es igual, iba bien y, de repente, ya no lo encuentro, pues cambio de posición.

Por eso el baile se puede comparar con el sexo y por eso creo que la primera vez bailé.

Ana Álvarez-Errecalde

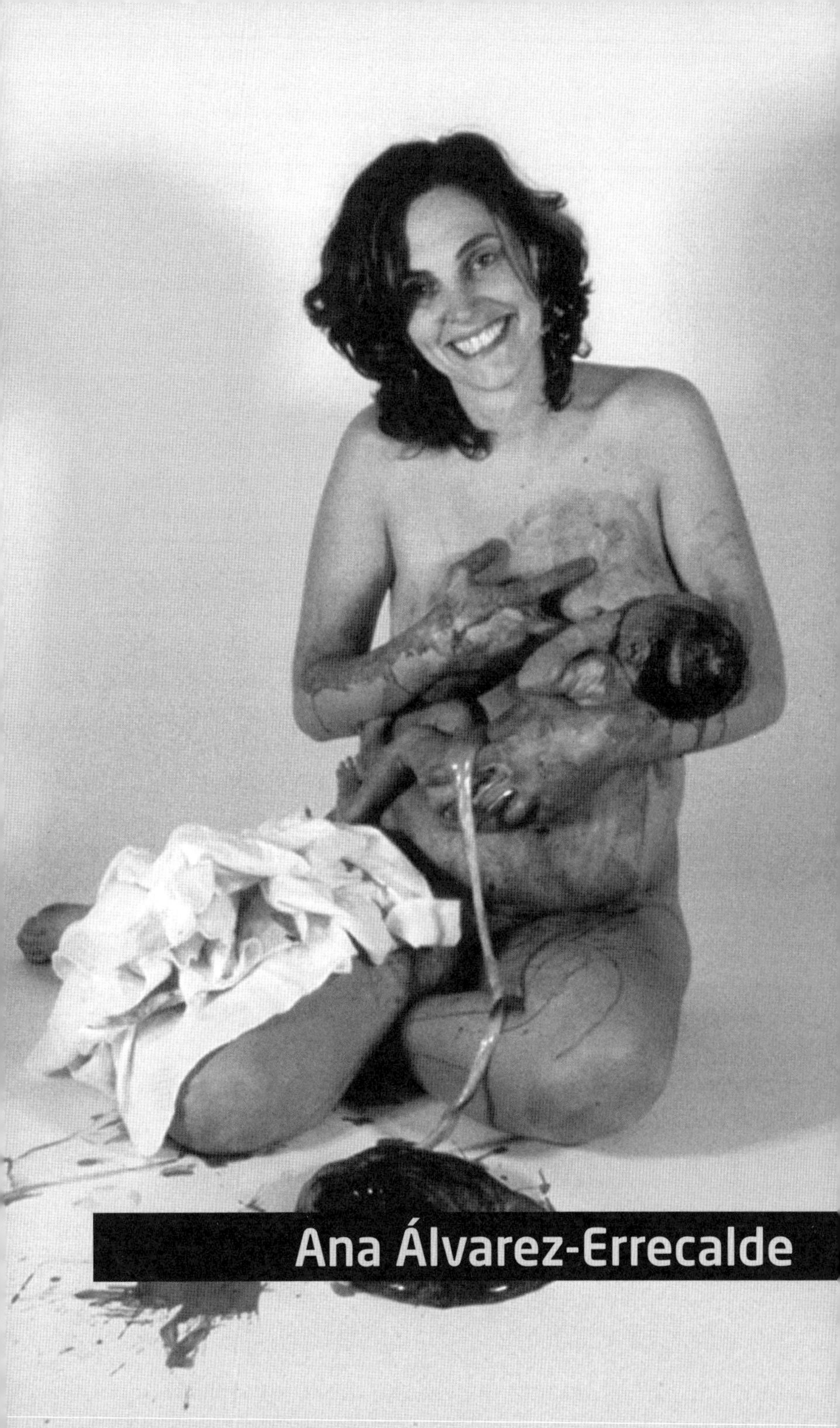

Ana Álvarez-Errecalde

El nacimiento de mi hija (2005), de Ana Álvarez-Errecalde

Creación y crianza en las prácticas artísticas
La maternidad (auto)retratada

HAY UNA DIMENSIÓN DE LA MATERNIDAD que se me desvela como fuente de inspiración y motor de creación imparable. Es como que la crianza, a pesar de la falta de sueño y de las demandas inacabables, te llenase de energía creadora. Tu criatura pasa a ser tu mejor musa. Al fin y al cabo supone una conexión directa con el ciclo de la vida y la muerte. Yo lo he vivido así con este libro. Creación y muerte. Vida y creación. Y tiene sentido, vaya si lo tiene: ¡Necesitamos crear nuevos imaginarios en torno a la maternidad! Necesitamos

> «Soy consciente de que mis fotografías son solo una experiencia más. No son testimonio de una realidad absoluta. Entiendo que hay partos difíciles y partos que necesitan asistencia. Lo que me interesa que se cuestione es si estas dificultades han pasado a ser la excepción o la regla. También me interesa que se cuestione el papel que un imaginario limitado y manipulado ejerce sobre generaciones de mujeres que crecen desvinculadas de sus cuerpos, desvinculadas de las experiencias maternales de otras mujeres y totalmente moldeadas por historias que infunden miedo y facilitan la subordinación a la institución y la sumisión a protocolos de control que debilitan o anulan el poderío de la experiencia».

a artistas que retraten con valentía su experiencia y la de otras mujeres, para poder vernos en ellas y construirnos y re-construirnos una y otra vez.

Ana Álvarez-Errecalde es la autora de una serie de retratos y autorretratos sobre la experiencia de la maternidad que han revolucionado el mundo del arte y la forma en la que la maternidad es representada. De hecho, si tecleas la palabra «nacimiento» en google, las imágenes que nos aparecen son las típicas postales navideñas... y *El nacimiento de mi hija* (2005) de Álvarez-Errecalde. Este doble autorretrato muestra a una mujer recién parida, sonriente y extasiada, con su bebé en brazos y todavía unidxs por el cordón umbilical. Allí están ellxs, llenxs de sangre y de oxitocina, llenxs de amor y de gozo, mostrando al mundo que una mujer puede parir y sentirse maravillosamente bien, mientras su criatura dormita plácidamente en su regazo, ajena a las cámaras.

Ana Álvarez-Errecalde nació en Bahía Blanca (Argentina) y actualmente reside en Barcelona desde donde continua con su labor de creación y crianza. Es mamá de dos niños y una niña nacidxs en casa. Nunca he tenido la oportunidad de conocerla personalmente, pero la siento muy cercana. Yo creo que es por la forma que tiene de hablar de su trabajo y de su vivencia de la maternidad, tan sincera y honesta.

Le envío las preguntas por correo electrónico desde Vancouver y me responde desde Barcelona como si la tuviera aquí, a mi lado.

MARÍA: Una vez te escuché decir: «Me convertí en artista cuando me convertí en madre». A mí, me hicieron creer que ser madre de alguna forma me impediría desarrollar mi carrera profesional. Pero yo encuentro que los caminos mutan en vez de extinguirse. La maternidad le da alas a la creatividad de una forma inesperada, pero se enfrenta de lleno con un sistema de trabajo que le da la espalda a la crianza y a los cuidados. ¿Cómo ha sido para ti?

ANA: Antes de ser mamá también realizaba trabajos creativos, pero fue la maternidad y las dificultades añadidas que surgieron con mi primer hijo lo que me impulsó a desarrollarme como artista. La maternidad que desafía al sistema, la maternidad consciente, la maternidad ecológica y autónoma siempre se enfrenta de lleno no solo al sistema de trabajo sino absolutamente a todo lo que implica el sistema (la gestión sanitaria, alimentaria, educativa, productiva y de consumo en todos sus órdenes).

Evidentemente, en el momento en que me opongo a parir en un hospital, a vacunar de forma sistemática y sin discernir por mi propio juicio, a escolarizar a edad temprana, o a seguir cualquier pauta predeterminada que no concuerda con las necesidades o convicciones de mi familia, la frágil red que el sistema ofrece a las madres no llega a cubrir aquellas cosas que sí quiero ofrecer a mis hij@s.

Sin embargo, siendo inmigrante y luego artista y madre de familia numerosa, con un hijo ya adolescente que ha sido totalmente dependiente desde que llegó al mundo, nunca sentí que necesitara del amparo o del reconocimiento del mercado laboral. De alguna forma la vida me lo ha puesto fácil porque me ha planteado otras prioridades. Cuando decides hacerte cargo de los cuidados de alguien amado, sabes que hay ciertos caminos que no serán los tuyos. En estos años nunca he generado un sueldo sino una supervivencia. Con mi compañero hemos optado por reducir los gastos, por recurrir a la autogestión y a redes de colaboración. A medida que pasan los años, vamos viendo que concretamos proyectos y que hemos llegado lejos manteniendo un tipo de vida por el que apostamos, ya que lo consideramos prioritario. Tal vez nuestras carreras podrían haber sido más prolíficas o nuestra familia podría haber gozado de cierto bienestar o nivel de consumo que en todos estos años no hemos tenido, pero eso implicaría haber renunciado a otras cosas.

Creo que cada decisión tomada y cada compromiso asumido va forjando quiénes somos. Tú dices que nuestras carreras profesionales mutan y yo estoy de acuerdo con eso, porque cada persona a medida que acepta nuevos desafíos se transforma.

Pedirle a un sistema constreñido que haga espacio para la gran diversidad de experiencias que nos conforman está muy bien y es necesario. Sin embargo, no podemos dejar de vivir y priorizar lo que profundamente sentimos como verdadero, esperando un ámbito nutricio e ideal, o lo que hubiéramos perdido en la espera habría sido irrecuperable. Creo que hacen falta muchas historias de vidas que transgredan el orden establecido para que luego la sociedad valide esas experiencias y logre ofrecer un tejido de contención a esas nuevas necesidades. Veo a las nuevas concepciones familiares como pioneras en el desafío al modelo hegemónico que ampara solo las necesidades de las familias que sirven con mayor fidelidad al sistema.

M: Tienes una serie de fotografías, retratos y autorretratos, que son lúcidas y maravillosas reflexiones sobre la maternidad. Son fotografías que cambian el mundo, que cambian nuestra percepción del nacimiento, de la crianza, de la vida y de la muerte. Me gustaría que me hablases de ellas, de cómo fue hacerlas, de cuál fue la respuesta en los medios y en la sociedad, de cómo te cambiaron a ti y a los tuyos.

A: *El nacimiento de mi hija* no surgió a partir de una idea para hacer una obra, sino que surgió al querer plasmar una imagen que venía a mi mente de forma recurrente. Planeaba otro parto en casa y esta imagen en la que me veía unida a mi bebé por el cordón umbilical se me aparecía como un hechizo noche tras noche. Decidí que iba a preparar un fondo blanco para intentar capturar la imagen tal cuál la tenía en mi cabeza. En ese momento no tenía ninguna intención de mostrar la o las fotografías públicamente.

Hacia el final del embarazo, un amigo me consiguió unos focos de luz blanca que servían para fotografiar sin tener que recurrir a las luces de flash. Mientras yo iniciaba el trabajo de parto, mi compañero, un tanto a regañadientes, se puso a colgar el fondo en un rincón de la casa. Parecía imposible poder hacer un autorretrato pariendo pero lo cierto es que el parto de mi niña se presentó de esa manera: fue un parto libre, lúcido y gozoso. Amoroso, respetuoso y alegre. Tuve un subidón de energía y de claridad. Estuve en control al punto de poder decidir hacer las fotos. En la primera fotografía aún tengo dentro la placenta y, en la segunda, la placenta sigue unida a mi bebé pero ya fuera de mi cuerpo. En ese entonces yo tenía una cámara analógica, al revelar el carrete y ver las fotos comprendí que tenía que compartirlas porque esas imágenes contrarrestaban gran parte de las historias de parto con las que millones de mujeres crecimos. Estas fotos son testimonio de que un nacimiento puede ser de otra forma. Aquí no hay miedo, no hay pacientes, no hay *coaches*, no hay directrices. No hay una idealización del parto y tampoco están los tópicos a los que Hollywood nos ha acostumbrado (mujeres infantilizadas y fuera de control, necesitadas de consejo y guía, asepsia de guante verde y nerviosismo por convertir un hecho fisiológico en patología).

Hay una madre y un bebé felices, y hay una tela que no cubre nada, un «velo» que parece dejar al descubierto lo que parece que a nuestra cultura le molesta.

Me gustó poder aportar este díptico al imaginario cultural limitadísimo que tenemos en relación al parto. Me gusta ver que, mal que pese, forma parte de la búsqueda de google dando un testimonio real en medio de muchos dibujos de natividades acarameladas e íconos religiosos virginales. Me alegra que tanto las representaciones de maternidades en el arte como las representaciones maternales en los medios tienen que hacer lugar a mi experiencia, porque es una aportación que confirma las experiencias de muchísimas mujeres que me precedieron y de muchísimas mujeres contemporáneas que optan por este tipo de parto y cuyas historias se silencian o se relativizan. Un parto autónomo en las noticias se comunica como un «accidente».

Soy consciente de que mis fotografías son solo una experiencia más. No son testimonio de una realidad absoluta. Entiendo que hay partos difíciles y partos que necesitan asistencia. Lo que me interesa que se cuestione es si estas dificultades han pasado a ser la excepción o la regla. También me interesa que se cuestione el papel que un imaginario limitado y manipulado ejerce sobre generaciones de mujeres que crecen desvinculadas de sus cuerpos, desvinculadas de las experiencias maternales de otras mujeres y totalmente moldeadas por historias que infunden miedo y facilitan la subordinación a la institución y la sumisión a protocolos de control que debilitan o anulan el poderío de la experiencia.

Este díptico ha tenido muchísima difusión y las críticas, tanto positivas como negativas, no han sido pocas. Muchas personas se sienten conmovidas por las imágenes, y muchas ofendidas porque las fotografías confrontan con una sonrisa todos sus prejuicios en relación a la sangre, al desnudo de una mujer que no se desnuda para seducir, prejuicios en relación a los ciclos vitales y al papel que la responsabilidad personal desempeña en relación a las restricciones sociales establecidas. También hay situaciones en las que luego de experiencias de partos engañados, dolorosos, robados, las madres (y a veces también los padres) han hecho un gran esfuerzo por prácticamente olvidar esas vivencias de impotencia, humillación y soledad. Estas fotografías ayudan a abrir la herida y hace falta valor para volver la mirada atrás y aprender del camino recorrido.

M: Háblame de la pieza *Cesárea, más allá de la herida*. Esta serie, en colaboración con la asociación *El parto es nuestro*, me parece un trabajo de reflexión fundamental sobre la cesárea, porque si bien hace falta denunciar el abuso de las llamadas cesáreas innecesarias, es importante también hacer las paces. Hacer las paces con nuestros cuerpos, con nuestras cicatrices, con nuestros partos cuando estos no han sido como queríamos o pensábamos que serían. Tú has nacido por cesárea. ¿Forma parte tu madre de esta serie?

A: Mi madre tuvo mucho que ver con que yo me involucre en este proyecto. Al principio pensaba que habiendo parido a todos mis bebés en casa no tenía derecho a hablar de una experiencia que como madre no tuve. Sin embargo, soy la menor de siete herman@s y soy la única que nací por cesárea. Llamé a mi madre a Argentina y hablamos mucho sobre cada uno de sus partos y, en especial, sobre mi nacimiento. Finalmente me acerqué a este trabajo con gratitud y sin prejuicios. Aunque he fotografiado la cicatriz de mi madre, su fotografía no llegó a formar parte del libro. Espero exponer la totalidad del proyecto y que esta foto (al igual que otras que realicé cuando el libro ya estaba maquetado) pueda ser incluida.
Cesárea, más allá de la herida ha sido un proyecto maravilloso. Fotografiar a una treintena de mujeres que tuvieron una o más cesáreas me ayudó a comprender la gran variedad de experiencias posibles en torno a la intervención. Esto es lo que quise retratar en el proyecto. Es importante que podamos ver qué hay más allá de nuestras heridas y qué cosas aprendemos de nuestras vivencias. Con este proyecto conocí madres maravillosas que han logrado que sus experiencias se re-signifiquen logrando ser fuente de apoyo e información para muchas otras mujeres.

M: La serie de *Las cuatro estaciones (Anunciación, Sombra, Asentir, Simbiosis)* me parece preciosa. Aborto, lactancia, crianza... Ser madre. Su lado oscuro y su lado luminoso. Está todo en ella. Todo.

A: *Las cuatro estaciones* plasman algunas reflexiones fruto de mi experiencia con la maternidad. La «Anunciación» intenta retratar el «sí» que implica el amor sin condiciones. Un «sí» que asume la vulnerabilidad de nuestros hijos y la vulnerabilidad propia. El amor que inspira y engrandece y, a la vez, el dolor inevitable que, según mi interpretación de *La Pietà* de Miguel Ángel, no comienza con la pasión sino que se inicia en la entrega, en el misterio de dar un «sí» a la incertidumbre de lo que implicará nuestra vida a partir del momento en que nos comprometemos con el destino o las vicisitudes de otro ser. «Sombra» es la madre loba capaz de defender a su cría ferozmente pero también el lobo de los cuentos: el miedo, la represión, los límites impuestos «por tu propio bien», la transformación de la niña que fuimos en algunos de aquellos mandatos o sentencias maternas que aborrecimos y sin embargo heredamos, el inconsciente que se manifiesta a pesar nuestro pero a favor nuestro para darnos la posibilidad de acción y cambio. «Asentir» es confiar y dejar fluir. Tuve una pérdida gestacional tardía en un año extremadamente difícil, marcado también por otras pérdidas irreparables. «Asentir» es hacer las paces con lo que nos toca. Es intentar ejercer el desapego con las expectativas, los deseos y las exigencias. «Simbiosis» habla de relaciones que se retroalimentan. Una madre que ofrece con disfrute su cuerpo y su presencia a su cría es en sí misma una revolución, puesto que deja de formar parte del engranaje que alimenta la enormidad de deseos insatisfechos de futuras mujeres y de futuros hombres. «Simbiosis» se aleja de la idea de «supermamá», tanto como mi idea de mujer se aleja de la idea de «superwoman». «Simbiosis» no habla de un «superpoder» por encima de nuestr@s hij@s. No es la madre como superhéroe. Son seres completos por sí mismos que se reinventan y se fortalecen en la relación que establecen entre sí. En esa relación simbiótica, de respeto mutuo, de atención a las necesidades y de aprendizaje compartido, reside el poderío.

M: La maternidad como el principio, como una puerta que se abre, como la posibilidad de empezar de cero desde una nueva totalidad. Desde la multitud que es la crianza. Desde ese punto en el que ya nada funciona como antes lo hacía, y menos mal, porque la maternidad puede ser una experiencia profundamente transformadora, una experiencia trascendental y mística, en la que el éxtasis sexual sería tan solo un detalle. Creación y crianza. Son palabras muy parecidas. Y son conceptos análogos. ¿Cómo lo sientes tú?

A: El éxtasis sexual suele llegar de sorpresa y suele estar facilitado por el grado de oxitocina que corra en nuestro cuerpo. Si el parto es libre, deseado y respetado, y la mujer solo es tocada en caso de desearlo (no hay intervenciones externas, monitoreos, linternas, espejos, chequeos, conversaciones que distraen, etc.) puede llegar al éxtasis por el reflejo involuntario de eyección del bebé que coincide con la extenuación física y emocional y con el pico oxitocínico que de forma natural se experimenta. La experiencia del círculo de fuego, una sensación de quemazón mientras el bebé corona, puede llegar a ser muy placentera si nos entregamos a su intensidad sin miedo. Pero la transformación trascendental y mística de la maternidad no se limita al parto, por eso creo que, aunque es un detalle importante de compartir como dato informativo, no debemos publicitarlo como un fin en sí mismo. Cada hij@ nos transforma de distinta manera y no hace falta parir a un hij@ para sentir una experiencia trascendental y/o mística en relación a la maternidad.

En mi sentir, creación y crianza no son conceptos análogos. He aprendido a incorporar los opuestos y a hacer las paces con las profundidades en las que la convivencia y la demanda permanente a veces me sumergen.
Para plasmar una idea se desechan muchísimas otras y no es raro que nuestra idea inicial cambie, deje a la vista aspectos contradictorios, nos desafíe y nos lleve a ir más allá de nuestras certezas. En la crianza encuentro que pasa lo mismo. Para mí esto es lo trascendental de crear y de criar: ambas situaciones me obligan a ir más allá de mis límites. Muchos conflictos de convivencia se solucionan cuando logramos ejercer la creatividad también en nuestras relaciones. Ir más allá de lo que creemos que podemos amar, ejercer una paciencia que desconocíamos ser capaces de tener, obtener satisfacción por pequeñeces y dejar al desnudo nuestro egoísmo, son experiencias que ayudan a que nos repensemos, nos reinventemos y crezcamos. Analizar cuál es la decisión correcta, el equilibrio entre cuándo actuar, cuándo dar una opinión y cuándo no intervenir, dejar ser, verme repetir cosas que hubiera jurado que jamás diría, reconocerme a veces mucho más grande de lo que soy y otras encontrarme siendo enormemente mezquina. El ser madre pero a la vez ser hija, el afrontar cada maternidad con todas las experiencias que han hecho que sea quien soy, asumir mis miedos y darles la dimensión justa como para no transmitirlos a mis hij@s (o al menos hacer el intento) demanda creatividad y consciencia. En este sentido crear y criar es para mí exactamente lo mismo.

Varuna Mateo

Alicia Murillo

La maternidad en la sociedad capitalista

DICEN QUE PARA CRIAR A UN NIÑO hace falta una tribu. Y dice Carolina del Olmo que dónde está su tribu, joder (*Dónde está mi tribu. Maternidad y crianza en una sociedad individualista,* Traficantes de Sueños, 2013). Esta sociedad capitalista y patriarcal es un despropósito, pero cuando crías, ya lo flipas. «¿No trabajas?», te dicen cuando estás criando 24 horas al día, siete días a la semana, noches en vela incluidas. Yo me vuelvo loca. La frustración que me genera esa pregunta es infinita. Un tipo que trabaja 8 míseras horas al día resulta que sí que está generando beneficios, y también tiene derecho a paro y a baja por enfermedad. Y a nivel personal esta historia me viene de lejos, porque llevo años

> «Existen muchas fórmulas para poder regularizar nuestra situación –como madres– pero no hay precedentes, por lo que nos encontramos en la misma situación legal que las prostitutas. Por un lado estamos generando un producto interior bruto invisible; por otro, somos parte del sistema pero nadie nos ve. Para salir de esto hay un montón de fórmulas, pero debemos unirnos entre nosotras».

cuidando de mis mayores, rindiendo cuentas a Hacienda como tutora legal de una persona, y se asume, siempre, que todo mi trabajo es gratuito. Es ese trabajo que realizamos lxs cuidadorxs –en su gran mayoría mujeres– lo que sostiene el sistema capitalista, como muy bien señala Silvia Federici (*Caliban y la Bruja. Mujeres, cuerpo y acumulación originaria*, Traficantes de Sueños, 2004).

Alicia Murillo inscribe la maternidad en la sociedad capitalista en la que vivimos y propone soluciones activas para que los cuidados sean reconocidos a nivel económico. Hace que nos cuestionemos la amplitud del concepto de cuidados, y la noción de maternidad misma. Lucha contra la gratuidad del trabajo femenino. Es una mujer que no se queda en la mera teoría, nunca, implementa en su vida aquello en lo que cree y lo comparte con nosotras. La admiro muchísimo por ello.

Alicia es cantante y activista feminista. Vive, crea y cría en Sevilla. Ha vivido también en Pesaro, Seattle y Marraquech. Es madre de dos criaturas, biológica y también de acogida. Es creadora de *El cazador cazado* –una acción consistente en grabar a los hombres que asaltan a mujeres verbalmente en la calle– y *El conejo de Alicia* –un vídeo-blog de feminismo y actualidad que se publica mensualmente en la revista *Pikara*–. Así mismo, es autora del disco *Cuidado con la perra* y está a menudo de tour con conciertos, talleres y una conferencia sobre economía y maternidad llamada «Maternidades subversivas».

Nos conocimos hace unos años, cuando Alicia me invitó a dar un taller de postporno para su colectivo feminista, en su casa de Triana. Me dio muchísima fuerza conocerla y soy muy afortunada porque desde entonces forma parte de mi vida.

Hicimos esta entrevista durante el mes de agosto de 2014 en mi casa de Benicàssim, rodeadas de nuestros críos, parejas y mascotas.

MARÍA: Háblame de tu conferencia «Maternidades subversivas».

ALICIA: Es una charla-coloquio, no me gusta verlo como conferencia. Yo expongo y después me gusta que haya *feedback* con la gente para ver lo que esta opina. En cuanto al contenido, en realidad, no me lo he inventado yo. Esto viene de antiguo, de Silvia Federici en los setenta y, probablemente, de antes.

Esta problemática me la dio a conocer un grupo de mujeres de la Universidad Pablo de Olavide (UPO) de Sevilla. Ellas son economistas y están haciendo un análisis de la realidad laboral de las mujeres con el que estoy muy de acuerdo. Es el análisis de las causas y efectos de que los trabajos de crianza y domésticos sean gratuitos. Tomé contacto con ellas a través de varias actividades organizadas por el 15M de Sevilla. Más tarde pude estudiar una asignatura de libre configuración a través de la UPO y, finalmente, pude conocer personalmente y escuchar el planteamiento concreto de Lina Gálvez en un encuentro fantástico que organizó el Instituto Andaluz de la Mujer (IAM) en Baeza, al que asistí también como ponente.

Debo decir que el trabajo de investigación de Lina y su equipo es impresionante, pero no estoy de acuerdo con las soluciones que aportan. Ellas dicen que todo el trabajo tradicionalmente femenino es gratuito y que esto sostiene el sistema capitalista, que está basado en la gratuidad de los cuidados.

Ellas no solo hablan del trabajo de parir, cuidar y criar, sino también de otros trabajos tradicionalmente femeninos como vender comida en la calle –práctica muy habitual, por ejemplo, en Marruecos–. O coser, limpiar, cocinar, lavar ropa, etc. En España se ve menos aunque ahora, con la crisis, está volviendo.

Otro ejemplo de este tipo de trabajos son las clases particulares de idiomas o de repaso. Hay mujeres que acaban su licenciatura y no consiguen trabajo, así que se dedican a este tipo de actividades que son carne de cañón de la economía sumergida y del dinero negro. Las mujeres están trabajando sin estar dadas de alta en la Seguridad Social y es parte de la economía feminista analizar todo esto.

Ellas dicen que no es justo que las mujeres estemos trabajando de forma gratuita, que todo este trabajo hay que repartirlo y que la mitad lo hagan los hombres y la otra mitad las mujeres, al 50%. Y eso es en lo que yo no estoy de acuerdo.

Estoy en contra de las políticas que incentivan la obligatoriedad de la corresponsabilidad al 50% (bajas maternales intransferibles, por ejemplo) porque cada familia es diferente. Habrá familias que quieran adjudicar el 100% de la responsabilidad de la crianza para ella, otras que sea el 100% para él, o a partes desiguales. O que sean dos mujeres, o que sean dos hombres... porque este tipo de políticas tiene también detrás una profunda herencia heterosexual. Se presupone que todas las parejas son heterosexuales o que, las que no lo son, reproducen las problemáticas de abusos de poder de la heterosexualidad. Y no, no todas las parejas tienen el mismo deseo de criar al 50%. ¿Y si no son pareja siquiera? ¿Y si son grupos de poliamor? ¿Y si aun siendo hombre y mujer prefieren organizarse de otro modo?

M: Esta es la solución que a mí se me ha vendido, ese es el feminismo que yo he conocido en mi infancia y adolescencia, que los hombres tienen que encargarse de todo al 50%.

A: ¡Sin menospreciar el trabajo de nuestras madres! Fue una generación de mujeres que tuvo un acceso muy difícil a la universidad y al trabajo, eso era lo que tenían ellas que conquistar. Mi madre, por ejemplo, no entiende todo esto que estoy diciendo. Ella me dice: «Con el trabajo que nos ha costado salir, ¿cómo es que tú reivindicas ahora el quedarse en casa? ¿Cómo quieres volver a aquello por lo que yo luché tanto para que tú salieras?».

Pero yo es que no quiero volver al mismo sitio del mismo modo. Yo quiero volver cobrando por eso que mi madre hacía gratis.

Mi madre o cualquier mujer de esa época, o incluso estas señoras de la UPO, dicen que esto no es solo una cuestión de dinero, dicen que el trabajo en casa es un trabajo alienante.

Lo que yo propongo es lo siguiente: por un lado, la unión y la sororidad entre nosotras. Porque ellos están muy unidos, están muy bien organizados con instituciones muy fuertes y con una tradición muy grande. Si bien nosotras también tenemos una tradición muy grande detrás, no estamos tan unidas. Lo primero es estar de acuerdo en que tenemos que ayudarnos unas a otras.

Lo segundo, y el objetivo principal, es que las mujeres estemos cotizando y cobrando por este trabajo. Y las dos cosas son importantes: cotizar y cobrar. Es fundamental que dejemos de tener la sensación de que cotizar es estar pagando por trabajar, porque eso no es verdad.

Cotizar es un derecho y un deber, además de una manera de asegurarte tu jubilación y tus periodos de desempleo. Es una forma de estar protegida el día de mañana si decides dejar a tu pareja porque tienes una experiencia que puedes demostrar si quieres buscar trabajo en otro lado. Si cotizas no has estado veinte años desempleada, que es como se ve a las mujeres que han estado criando.

Resumiendo, los dos objetivos básicos son cotizar y cobrar. La cuestión es que en todo esto hay un gran vacío legal. Existen muchas fórmulas para poder regularizar nuestra situación pero no hay precedentes, por lo que nos encontramos en la misma situación legal que las prostitutas. Por un lado, estamos generando un producto interior bruto invisible; por otro, somos parte del sistema pero nadie nos ve. Para salir de esto hay un montón de fórmulas, pero debemos unirnos entre nosotras.

Cuando una mujer quiere dar este paso no debe ir a una asesoría fiscal donde no haya una visión de género. Si vas a un asesor fiscal te dirá que te des de alta de autónoma. Pero para eso tú necesitas dos cientos o tres cientos y pico euros mensuales. ¿De dónde saco yo esos dos cientos y pico euros si, por ejemplo, soy una madre soltera y precaria? ¿O si mi marido, que es el que trae, en principio, el sueldo a casa, no trae lo suficiente? De modo que por ahí no van los tiros.

Hay muchas soluciones. La ideal es la de la señora cuyo marido tiene muchísimo dinero y ella se ha quedado en casa cuidando de los niños. Se da de alta de autónoma y ya está.

O bien, si el marido tiene alguna empresa, tal vez pueda contratarla como trabajadora de esa empresa. Es más complicado porque tienes que demostrar que tu actividad está relacionada con la actividad empresarial de tu cónyuge. Es decir, si tu marido tiene una fábrica de vidrios, legalmente no puede contratarte como niñera por cuidar de vuestrxs hijxs pero, paradójicamente, podría contratar a una persona que cuidara a las criaturas de sus empleadxs mientras trabajan (de hecho hay muchas empresas que lo hacen). Esto no es casualidad, es patriarcado, quieren institucionalizar la crianza, profesionalizarla, pero saltándose el vínculo de la maternidad, que es una manera de desvalorizar esa capacidad reproductiva que poseen solo las personas con útero. En cualquier caso, hay epígrafes como «autónoma» muy ambiguos en los que no se especifica la actividad concreta y te puedes dar de alta como empresaria, sencillamente. No puedes darte de alta como madre, no te lo permiten, estamos en la misma situación que las prostitutas... Entonces hay que buscar la manera.

Otra solución es el tema del asociacionismo. Hacer una asociación de mujeres sin ánimo de lucro. Para crearla hacen falta, al menos, tres personas; así que tres miembros mayores de edad abren una asociación que a final de año debe demostrar que no ha tenido ganancias. Pero eso no significa que la asociación no pueda cobrar por sus servicios, facturar o contratar a alguien. La idea que yo propongo es que las asociaciones de amas de casa facturen por los servicios de cuidados a quienes se vayan a beneficiar de ellos (maridos, hijos mayores que trabajen, ancianos y enfermos que tengan pensión... quien sea). Con el dinero que la asociación cobra se pagan seguros sociales y salarios de las amas de casa que serán contratadas no por las personas que reciben los cuidados sino por la asociación en sí.

M: Esta es la opción por la que has optado tú, ¿verdad?

A: No exactamente. Mi actividad profesional no es solo crianza, tengo mis conciertos, vídeos, clases particulares de música... Trabajo para una asociación cultural que ofrece esos servicios, los factura y me contrata a mí como trabajadora. Y es que en realidad la idea tradicional que tenemos de las amas de casa a jornada completa ya casi no existe. La mayoría de las mujeres que estamos criando llevamos adelante otras actividades que suelen estar en B. El ser ama de casa y punto ya no existe, eso fue un lujo de nuestras madres. La cuestión es que para mí era muy deshonesto ganar ese dinero y no declararlo y, además, me parecía injusto para mí no ser reconocida como trabajadora. De ahí surge todo.

Estos cambios son progresivos, no se pueden hacer de un día para otro. En la mentalidad de la gente significaría un «ahora saca tú 150 o 200 euros mensuales para pagar la seguridad social, ¿cómo lo hago?».

Es buena opción para ir entendiendo que el dinero de la mujer no es el mismo dinero que el de la casa, que es donde está la base del problema. En la charla, parto de la Edad Media y de cómo se va haciendo comunitario el pensamiento de que el dinero de la mujer es el dinero de la casa, y cómo el ahorro para la casa «es dinero también para ti, ¿no?», dicen los maridos.

Esos maridos no traen todo el dinero que ganan a casa, porque lo que traen es el 60% de su sueldo. El otro 40% ha ido a pagar sus retribuciones de la seguridad social.

M: Las bajas laborales, la jubilación, etc. Las espaldas cubiertas.

A: Sí. Y no solo eso, se llama «nómina», es decir, es una cantidad nominativa. Eso significa que ese sueldo tú lo estás cobrando en una cuenta que está a tu nombre. Esto es muy importante.

Por otro lado, cuando vivía en Marruecos vi cómo las mujeres tenían un sistema propio para poder ahorrar. Se asociaban con el calendario occidental, 12 meses, 12 mujeres, una por cada mes. Por ejemplo: tú eres febrero, ella marzo, la otra abril y yo soy el mes de mayo, así que el mes de mayo recibiré 20 euros (o 200 dirhams) de cada una de las mujeres de mi grupo. Es una manera de ayudarte a ahorrar. Por otro lado, yo me comprometo a pagar todos los meses también 20 euros a la mujer que sea. Los maridos saben que ese dinero es intocable, e incluso hombres súper machistas lo respetaban. Una amiga que sufría maltrato me decía: «Este mes cobro yo». Y yo le decía: «¿Pero no te lo va a quitar tu marido?». «No, no, ese dinero es mío». Es decir, en el peor de los casos ese dinero es respetado. Y yo, la europeíta: «¿No te conviene mejor meterlo a una cuenta bancaria?». A lo que me respondía: «No, ¿porque sabes qué pasa entonces? Que si se estropea el frigorífico o cualquier cosa, ese dinero se va a sacar de mi cuenta. Es mejor este sistema, así queda claro que el dinero es mío».

Estas mujeres entendían que tenían que asociarse entre ellas para proteger la economía femenina.

Fue entonces cuando pensé que las mujeres debían unirse. Darse de alta como autónomas es una solución, sí, pero no la única. Otra vía es la de la asociación. Y otra la cooperativa. En esta última, todas las socias deben estar dadas de alta como autónomas, por eso es una opción muy cara. Pero si hay muchas mujeres puede ser una buena solución, porque entre todas se puede pagar el alta como trabajadora de alguna otra compañera con menos medios. Se trataría de una cooperativa de amas de casa, algo realmente revolucionario. Imagina que hay cinco mujeres cuyos maridos tienen buenos sueldos. El dinero para las cuotas de autónomas se sacaría de lo que se le facturara a los maridos por los servicios de cuidado. Solo harían falta tres socias cooperativistas que estuvieran dadas de alta y el resto de las mujeres vienen contratadas por esa cooperativa como trabajadoras.

M: Háblame del origen histórico de estas propuestas.

A: Para empezar, la historia no es lineal, es cíclica, y además están las diferencias culturales: no es lo mismo la situación que se pueda tener en Finlandia o Filipinas que la de aquí. Pero como hay que centrarse en algo y tú y yo estamos en España, vamos a fijarnos en nuestra realidad sin dejar de considerar que no es la única. No me gusta ser etnocéntrica, pero yo parto de mi entorno que es el que conozco, no es el más importante, es el que yo conozco, simplemente.

Como punto de partida, en mis charlas, tomo la Edad Media. En la Alta Edad Media las mujeres vivieron un periodo de mayor libertad. Parto de antes de que la Iglesia empezara a burocratizar desde el nacimiento de una persona, con el bautizo, hasta el matrimonio y la muerte (pues es un hecho que a mayor burocratización, mayor control de la vida de las personas y, sobre todo, de las mujeres).

Desde el momento en que la Iglesia toma el control social, la vida de las mujeres cambia. Hasta que llegó la burocratización eclesiástica, las uniones afectivas no partían por defecto de la monogamia y no existía el matrimonio. Las mujeres teníamos diferentes parejas en las diferentes etapas de nuestra vida, de hecho hay una referencia en el poema de *El Mío Cid*, cuando las dos hijas son maltratadas por los maridos y el Cid las libera y se las lleva, y ellas se unen luego con otros. No tenían que quedarse con los dos infantes que eran unos cabrones. Aquí se ve claramente que existía la posibilidad para una mujer de rehacer su vida.

Las relaciones no venían monopolizadas por el matrimonio. ¿Qué ocurría? Que para las mujeres, al gozar de esa libertad, las relaciones económicas eran diferentes, había una actividad mercantil femenina. Las mujeres se dedicaban, entre otras cosas, a la sanación y a la atención de los partos. Ese era un plano laboral expresamente femenino.

Las mujeres trabajaban en lo que eran «cosas de mujeres», desde curarte un dolor de barriga, hasta sanar una infección y dar de mamar y criar. Y yo estoy segura de que los tíos estaban mucho más implicados en la crianza que ahora.

Cuando llega la burocratización del matrimonio se establece que debe ser entre dos personas heterosexuales y con el fin de procrear. Y que el dinero lo trae a casa el marido. Además de que todas las actividades femeninas tienen que ser gratuitas o precarias y muchas de ellas se van a prohibir directamente, en concreto, la labor de las que entonces se llamaban «mujeres sabias» y que más tarde la Iglesia denominó «herejes» o «brujas». Eran las encargadas de cuidar y sanar, y tenían un enorme poder socioeconómico. En ese punto, el patriarcado nos dice: «Os vamos a dejar lavar la ropa a cambio de dinero. Cobrar por ser lavandera o cocinera está bien porque se ganará poco. Pero ¿cuidadora de enfermos? ¿Con el dineral que estáis ganando? Esto tenemos que controlarlo, las mujeres no pueden tener ese poder». Y así se establecieron las universidades y dijeron: «Todo el mundo que quiera curar tiene que pasar por la facultad de Medicina. Pero a las mujeres no os vamos a dejar entrar».

M: Estas universidades de Medicina fueron creadas por hombres que no tenían ningún conocimiento sobre sanación... Los sangrados eran un remedio para todo tipo de afecciones. Se explica muy bien en el libro de Barbara Ehrenreich y Deirdre English, *Brujas, comadronas y enfermeras.*

A: La medicina empezó menospreciando la sabiduría femenina. Ese hecho yo no lo pongo por separado de todo esto que estamos hablando. Fue un golpe enorme a toda la economía femenina. Se nos quitó un poder económico brutal. El poder de curar es el poder, no hay poder más grande que ese. Empezó una campaña de estigmatización y de persecución, de crimen hacia esas mujeres que curaban. Y también se comenzó a pensar que las mujeres que cobraban eran malas.

A partir de esa etapa de la Edad Media es cuando se empieza a crear el estigma que dice que la mujer que cobra por trabajar es una mala mujer. En cualquier ámbito. Y empieza ahí la gratuidad del trabajo femenino.

M: ¿La caza de brujas no empieza en este momento? Llamar bruja y considerar que es una mala persona a quien es capaz de sanar y a quien cobra por compartir su sabiduría, por su trabajo.

A: Claro. Y piensa que además es una cuestión de clase. Si tú cobras por lavar la ropa es porque eres una mujer que no tienes pasta. Si tú eres una señora como tiene que ser, no cobras porque tienes a tu marido. Es deshonroso para una mujer cobrar por trabajar porque eso significa que eres de baja clase.

M: Esto es muy importante por todo el activismo que hay ahora para parir de otra forma, en casa y no en los hospitales. Es importante entender que es relativamente reciente el hecho de que los hombres se encarguen de este campo y se haga así de mal, que se gestionen los partos de esta forma inhumana.

A: Y otro tema que abarca la estigmatización del cobro femenino pasa por la prostitución. Todos los trabajos que puedan hacer los hombres los van a hacer en exclusiva los hombres. Y nos los van a cobrar. Sin embargo, no ocurre lo mismo con los trabajos que son asignados tradicionalmente a las mujeres. Ellas van a hacer trabajos de cuidado a cambio solo de casa y comida. Pero este sistema nos pone en una situación de profunda vulnerabilidad social, laboral, emocional y económica. Ese sistema se llama esclavitud.

Con la prostitución lo que pasó es que la homosexualidad se estigmatizó, así que era un trabajo que no podía hacer un hombre. Un hombre feminizado es un hombre que abandona su posición de poder, ofrece una imagen degradada del patriarcado. Es como una mala propaganda, una prueba viva de que el hombre, como tal, es solo una construcción social. Por eso se mancilló al afeminado y se derivó el trabajo sexual a las mujeres. La prostitución fue una grieta del cristianismo y solucionaron el tema con el estigma: «O se casan y nos lo hacen gratis o cobran y las estigmatizamos porque son mujeres que están ganando dinero haciendo algo que los hombres no podemos hacer».

Lo que hicimos las mujeres en el siglo XX para poder cobrar fue convertirnos en hombres. Y hacer los mismos trabajos que hacen los hombres pero con una visión masculina completamente errónea de lo que es la vida. Así no es. Estamos trabajando igual que ellos, la medicina en España tiene un 70% de profesionales mujeres, pero están cuidando y están curando como curan los hombres.

Para mí eso no es medicina femenina (entendiendo por femenino no una identidad biológica, sino un estado de subversión ante la opresión masculina).

M: En el tema de maternidades se están denunciando unas prácticas médicas que son verdaderas barbaridades. Hasta dentro del propio sistema médico (la Organización Mundial de la Salud) se condenan. Ellos mismos se denuncian a sí mismos.

A: No solo en la medicina. En cualquier aspecto. Somos capitalismo puro. Ya lo dice Federici, todo esto se está haciendo para que el capitalismo siga adelante.

Uno de los temas a destacar es cómo nosotras mismas no ponemos en nuestro currículum «ama de casa». Y la mayoría de las veces es nuestro principal trabajo. Yo trabajo el 50% de mi tiempo, o más, en casa. ¿Por qué no ponemos ama de casa o cuidadora en la casilla de ocupación? Yo ahora ya lo pongo porque me parece subversivo. Para mí la subversión es responder al modelo de opresión que heredé, pero el modelo que tengo es el modelo de mi madre que, a su vez, también fue subversivo en su momento. La subversión es cíclica, debe estar siempre viva y en continua revisión.

Hay un modelo hegemónico de maternidad que quiero subvertir, el cual viene muy bien reflejado en el Diccionario de la Real Academia Española: «Estado o cualidad de madre». Madre es la «hembra que ha parido», mientras que padre es «varón o macho que ha engendrado». Es decir, tú no estabas cuando engendraste a Rocachón, lo engendró Dani, no tú. Tú lo que has hecho es parir. Además, el diccionario reza: «Padre: varón o macho respecto de su hijo». Es mucho más animalesca la concepción que se tiene de madre. No se dice «hembra o mujer», se dice solo «hembra». Mientras que en el otro caso se especifica «varón o macho». Hay una separación de la paternidad animalesca de la humana, la nuestra es toda animalesca. Otro concepto básico es el de la diversidad: la maternidad en diferentes lugares y tiempos, de la maternidad no humana, de la que tenemos TANTO que aprender: de las lobas, las perras, las gatas... El diccionario asume lo femenino y lo animalesco como inferior sin darse cuenta de que lo masculino es la construcción de un falso pedestal, un intento de alejamiento de la realidad. Por eso hay tanto que aprender de las maternidades diferentes a las nuestras. No nos tenemos que juzgar porque una haya optado por el biberón y otra por tener una niñera. Tenemos que estar todas unidas en nuestra diversidad.

M: Yo en mi vida he cuidado de mi familia, sin embargo, ese trabajo no ha tenido ningún valor a nivel social y esto crea frustración. Cuando llevas años cuidando y trabajando como una leona y resulta que para la sociedad estás «desempleada».

A: Nosotras mismas nos boicoteamos. Cuando tú has ido a ver a tu abuela y has estado dos horas allí, has estado «perdiendo el tiempo». No has sido productiva según esta sociedad.

M: Mi abuela está recibiendo unos cuidados y yo pago por ellos. Yo gestiono el patrimonio de mi abuela para pagar esos cuidados. Pero esa gestión, que me lleva muchísimo tiempo, no la cobro. Es curioso, yo soy tutora legal de la abuela frente al Estado y tengo que presentar cada año un informe de mi gestión económica de sus inmuebles. De que gestiono de forma eficaz sus cuidados. El Estado está muy pendiente de que yo no obtenga ninguna compensación económica de esa gestión.

Pero si lo piensas bien, dices, oye, la gasolina, por ejemplo. Yo podría presentar la gasolina como gasto. Pero en realidad lo de menos es el dinero que cuesta sino mi tiempo y la energía que me ocupa. Ese esfuerzo y ese trabajo no reconocido te va causando un resentimiento.

A: Y todavía no hemos entrado en el tema del sexo. Para mí es fundamental la diferencia entre trabajo y empleo. Esos dos conceptos son básicos: trabajo es todo, mientras que empleo es un trabajo por el que se obtiene sueldo, contribuciones en la Seguridad Social y que está regulado con un horario y un calendario vacacional.

Volviendo al desarrollo histórico de la maternidad en Europa: merece la pena ver cómo desde el Medievo hasta el Romanticismo se fue forjando la idea tradicional de madre que hemos heredado nosotras. Igual que hay un amor romántico de pareja también hay un amor romántico de la maternidad y es importante analizarlo. Es esa maternidad idílica, platónica, en la que nos enganchamos para poder sobrevivir y que es la que luego genera depresiones postparto y tanta mierda, porque la maternidad no es eso.

Con el feminismo de la igualdad, ya lo hemos visto, nos convertimos en hombres sin pene en busca de un salario.

Y luego llegaron las feministas de la diferencia. Fueron una respuesta a las de la igualdad. Hay varios focos, uno muy importante fue Milán. Ellas lo que decían es: «Yo no quiero ser igual que un hombre, yo quiero ser una mujer con la oportunidad de desarrollarme como tal». Puedo dar de mamar y un hombre no puede, ¿por qué esto no viene valorado? Si los hombres pudieran, estaría muy valorado. Me gustan muchas cosas de este movimiento pero, desgraciadamente, muchas de ellas están muy en contra de la teoría queer porque algunas autoras reivindican lo femenino biológico como diferencia. No entienden, por ejemplo, la transexualidad, para ellas no tiene sentido transformar tu cuerpo, que te vayas a convertir en un hombre y renuncies a tu feminidad. Para muchas de ellas es inconcebible.

M: Yo no lo veo así.

A: Yo tampoco, pero ellas sí. Lo que me gusta del feminismo es pillar de aquí y allí. Lo malo, o lo bueno, es que muchas mujeres se centran en una teoría y la hacen suya sin cuestionarla.

Entiendo y comulgo en que no tengo ningún interés en convertirme en un hombre. Pero para mí ser hombre es una construcción social opresora. Yo reivindico la feminidad pero no como ente biológico sino como figura social oprimida y, por tanto, como punto de partida fundamental para subvertir el orden. Y de todo ello deducimos que la transexualidad es una subversión fascinante, porque se salta las reglas de los diagnósticos de género. No, definitivamente para mí no es incompatible lo queer con los pensamientos del feminismo de la diferencia.

M: Cuéntame cómo llegas al tema de sexualidad... y dinero.

A: A medida que voy hablando en la conferencia, algunos hombres se van yendo. Con excusas, o directamente se levantan y se largan. Lo que explico es que tienen que pagar por lo que están recibiendo de forma gratuita. Muy pocos hombres se quedan. Se indignan y se van, o se aburren y se van, no lo sé. De las mujeres que se quedan la mayoría van asistiendo convencidas, «sí, sí, qué guay, de acuerdo en todo», hasta que se toca el tema del sexo.

Yo digo: «Tienen que empezar a cobrar a los maridos por follar». Y es algo que no les entra en la cabeza. Se ofenden, se llevan las manos a la cabeza, ahí no se puede entrar. Ellas entienden que puedan cobrar por cambiar pañales, por cocinar, por cuidar a un enfermo, por limpiar, por gestar, por mamar, todo eso lo entienden pero cuando llegan al tema de cobrar por follar, no.

En realidad, yo me quedo sin argumentos porque no entiendo dónde está la diferencia. Me dicen que es recíproco, un yo doy y recibo..., se me pone la carne de gallina de pensarlo. En las relaciones sexuales todo el rato miden sus acciones para que sean ecuánimes. Muchas veces cuando me meto en la cama no siempre recibo lo que yo doy, a veces recibo más o menos, es algo aleatorio, no estoy midiendo. Eso en primer lugar. En segundo lugar, estamos hablando de capitalismo, como dice una buena amiga: «Yo no invento las reglas, pero si son estas, yo sé jugar». En el capitalismo no se paga lo que tiene valor, se paga lo que la gente está dispuesta a pagar. Pues entonces debe ser así con todo, cuando voy al frutero pues no le puedo cambiar una fruta por un abrazo, o por limpiarle la frutería, el frutero me va a cobrar todo lo que pueda cobrarme. Si mi marido está dispuesto a pagarme por un polvo, yo se lo voy a cobrar, no porque ese polvo tenga valor, sino porque mi marido está dispuesto a pagarme. Es una cuestión de capitalismo. Entonces me dicen: «¿Tú estás defendiendo el capitalismo?». No, yo estoy sobreviviendo al capitalismo, es diferente. Cuando todo el mundo deje de jugar al capitalismo entonces yo voy a dejar de jugar, pero no voy a ser la única gilipollas que juegue a lo comunitario y a la gratuidad y al respeto del trabajo por el trabajo. Si a mí me están cobrando por otras cosas, pues yo voy a cobrar. Otra cosa es que mi marido no esté dispuesto a pagarme. Pues nena, no puedes cobrarlo, puedes hacer entonces lo que tú quieras, seguir follando o no, porque a ti te interesa, porque tienes placer sexual.

M: Pongamos que no quiera pagar, entonces ¿qué vas a hacer? O lo dejas de hacer o lo haces solo cuando a ti te apetezca. Ese cambio de mentalidad es muy traicionero. Es una realidad que en la pareja monógama se folla muchas veces por la otra persona.

A: ¿Pero tú crees que eso lo va a admitir un hombre o una mujer? Eso no lo admite nadie. En un matrimonio no se dice «llevamos ocho años y a mí no me apetece». Es que no se lo dicen ni al marido ni a la mujer por miedo a que se vaya a ir con otra persona, o sencillamente por no reconocer que su matrimonio pueda fallar a la idea tradicional de amor romántico de fuegos artificiales para toda la vida.

M: Es una realidad que la pasión sexual a lo largo de los años, si tú follas siempre con la misma persona, se apaga. Esa tensión sexual se transforma en otras cosas muy hermosas. Pero sexo, no. El libro *En el principio era el sexo* de Christopher Ryan y Cazilda Jeta lo explica muy bien, no estamos hechos para la monogamia.

A: Puede ser que eso en lo que se transforme te satisfaga. Lo que yo digo es independiente de lo que te satisface o no. Puede ser que a ti tu marido te encante follártelo, pues entonces cóbrale igual. No tiene nada que ver que a ti te guste o que te dé algún placer, lo que ocurre es que puedes cobrar por eso y si puedes ¿por qué no lo vas a cobrar? Si a ti te dicen que cada vez que salgas a dar un paseo te vamos a dar 50 euros, y tú dices: «Si a mí me encanta dar paseos, ¿cómo voy a cobrar por algo que me gusta?». Pero ¿cogerías o no los 50 euros? Por ejemplo, a mí me encanta hacer vídeos, pero los cobro. Porque puedo cobrarlos, porque hay una empresa que me da ese dinero. ¿Por qué el sexo es distinto? No lo entiendo.

M: Pero creo que el sexo es parte de todo el tema de cuidados, así como arreglas la casa, preparas la comida, etc., en este *multitasking* de cuidados, también cuidamos de las parejas ofreciendo sexo.

A: Muchas mujeres dicen que eso era como en la época de su madre: «Yo me casé con mi marido y partimos de la igualdad». Y me preguntan: «Pero ¿por qué él no me iba a cobrar a mí?». Y yo digo: «Es que pueden llegar a cobrarte, espero que no seas tan tonta de pagarlo». Lo que estoy diciendo es que vamos a adelantarnos nosotras. No les vamos a dar ideas a ellos.

Ese tema es aceptar la realidad de muchas relaciones sexuales. Es un hecho que la mujer da más de lo que recibe en las relaciones sexuales, piensa sino en el coito, la práctica más común. Desde el momento en que las relaciones se limitan al coito, ya me dirás tú. ¡El 90% finalizan en el coito!

El coito es una forma de control. Tengo un artículo que se llama «El coito apesta». El coito está en la base del control sexual del cuerpo de la mujer y de la salud de las mujeres. Con el coito te expones a un montón de enfermedades, a las que no te expones si no lo haces. Te expones a un embarazo no deseado. No hay terminaciones nerviosas más que en la base de la vagina, la parte trasera del clítoris; lo que presionas es el clítoris, no la vagina. Es verdad que podemos tener un orgasmo sin tocarnos, con la fantasía, pero se hace por otros motivos. Yo considero el coito como una práctica de sumisión y de sadomasoquismo.

El otro día le dije a mi pareja: «Hace cerca de un año que no me la metes», y me encantó su respuesta. Se sorprendió menos que yo: «No me apetece, estoy en otras cosas». Ha habido momentos en que hemos tenido bajones sexuales y algunas amigas me han dicho «es porque no practicas el coito». Eso significa: «Es porque no estás cumpliendo con tu deber como esposa». Hay esa presión social incluso ejercida por tías licenciadas, feministas con una formación que te cagas.

El coito viene establecido como la práctica sexual normal, la común y como la única válida por el patriarcado y la Iglesia. Si no has practicado coito, no has practicado sexo. Esto no ocurre por casualidad. Es un control de la vida de la mujer total y ahí está el quid de la cuestión.

M: Si lo ligas con el tema del coito en la conferencia, igual te haces entender mejor.

La verdad es que yo me he sentido muchas veces «obligada» a practicar el coito, sobre todo cuando era más joven, con las nefastas consecuencias que traen los condones rotos, etc. He tenido que tomar muchas veces la pastilla del día siguiente por este motivo. Y mi cuerpo ha sufrido.

A: No hablar de sexo en general sino de coito. Buena idea.

La cuestión es que independientemente de si lo haces como favor, si lo puedes cobrar, cóbralo. Es capitalismo, no es comercio justo. ¿Por qué en la casa sí hay comercio justo y no fuera?

Una señora mayor me decía en una conferencia (tenemos que escuchar más a las abuelas): «No sé por qué se están escandalizando tanto si se ha hecho toda la vida. Toda la vida las mujeres tenemos sexo a cambio de algo, sin decirlo explícitamente. De acuerdo, quizás no hubiera dinero en metálico, pero si tu marido no hacía lo que tú querías te cerrabas de piernas y lo usabas como medio de presión». Tengo amigas que han cambiado sexo por Ipad, por joyas... Hay maridos que han cambiado diamantes por hijos.

Lo malo es que hoy en día son trabajos estigmatizados y se asocia el estigma con la pobreza. Siempre asocio el tema de las putas con el de las amas de casa. Una amiga decía que la prostitución se asocia al tema de la inmigración. Esas mujeres están mal no por ser putas, están mal por ser inmigrantes. Y gracias a que son putas comen todos los días. Esta misma amiga me decía: «El día en que las putas y las amas de casa se sienten en la mesa a dialogar, se acabó el patriarcado».

M: Es muy importante para mí en el libro entender gestación, parto y crianza como sexualidad. Pero creo que deberían considerarse trabajo sexual. Trabajo sexual no retribuido, un trabajo sexual que se ofrece de forma gratuita.

A: Un empleo, mejor; quizás porque trabajo ya lo es ahora y queremos que sea un empleo sexual. Me parece que fue Barbara Ehrenreich la que hacía la diferencia entre trabajo y empleo, trabajo es todo, y empleo es solamente el trabajo que está remunerado.

M: Para terminar, ¿cómo vives la crianza en tu vida diaria?

A: Mi opción de vida es semejante a la tuya. Yo quiero trabajar en casa, hacer proyectos que pueda hacer desde casa. ¡Me he montado un set de televisión casero! Yo quiero estar trabajando con mis hijos de por medio. Y a mí, mis hijos no me estorban. Me lo paso bien con ellos. Pero es mi opción.

Yo tengo que respetar que la feminista de la igualdad de turno quiera trabajar en la Universidad y que esté ocho o diez horas diarias allí, que vuelva, salude a la *nanny* y punto. Lo que no me parece bien es imponer cualquier tipo de crianza. Hay que respetar todas, que es algo muy fácil de decir y muy difícil de hacer. Es lo primero que digo en la charla: «Hay tantos tipos de crianza como mujeres hay en el mundo. Y hay que respetarlas todas». Y todos dicen: «Sí, sí, sí». Pero cuando empiezo a poner ejemplos sueltan: «¡Ah, no! ¡Pero es que eso no se puede aceptar!».

Hay que poner todos los medios para que las mujeres puedan cuidar, pero hay que seguir respetando que la que quiera salir a trabajar lo haga. La que no quiera cuidar que no cuide. Pero sí es verdad que se tiene que poder elegir.

M: Se puede elegir muy poco en una sociedad en la que no hay opciones.

A: Lo que tenemos que trabajar entre nosotras es el hecho de respetar las opciones de maternidad, crianza y cuidado.

Y el trabajo hacia fuera es intentar conquistar el mayor número de opciones posibles para que nosotras luego podamos elegir.

Isadora Duncan, la famosa bailarina, se casó con un tío rico y tuvo una maternidad muy placentera. Estaba todo el día jugando con ellos. Como era rica, no tenía necesidad de hacer otra cosa más que bailar y estar con los niños gozando y disfrutando.

Sus hijos murieron en un accidente de coche, atrapados dentro de un vehículo que se precipitó al agua. Al hablar de su muerte, Isadora dijo algo así como: «Llegaron a mí a través de un grito. Gritaba mientras nacían y grité mientras se iban».

Del Lagrace Volcano

Del LaGrace Volcano & Mika Alexis Volcano, Stockholm Pride 2013. Assisted Self Portrait by Matt/ilda Wurm

Intersexualidad y crianza queer
(*Gender queer parenting*)

¿HA SIDO NIÑO O NIÑA? Pues ninguna de las dos cosas. Vamos a darle la opción a nuestra criatura de elegir su género más allá de lo que tenga entre las piernas. Además, la pregunta excluye una realidad muy frecuente: las criaturas intersexuales, que nacen con genitales que no se ajustan a la «normalidad» impuesta. Es muy importante respetar sus cuerpos y no castrar su placer y su unicidad con cirugías devastadoras. Un estupendo documental sobre el tema es *Intersexion* (New Zeland, 2012).

El reto para toda crianza sería trascender las limitaciones que nos impone la asignación de género. Es la teoría queer aplicada a la maternidad/paternidad, en inglés «*gender queer parenting*».

Del LaGrace Volcano se define como MaPa, como persona intersexual, trans* y *genderqueer*. A través de su trabajo artístico y de su experiencia vital nos inspira a escapar de las estrechas convenciones sociales de la heteronormatividad.

> «Tal vez no es importante si es o no es [intersexual].
> Lo importante es lo que te dice la criatura.
> Y si ellos lo están criando como a un hombre, deben asegurarse de que entienda que no hay nada malo en la posibilidad de ser mujer en algún momento».

Del vive en Suecia y exhibe internacionalmente. Es MaPa de dos criaturas: Mika, de tres años y medio, y Nico, de cinco meses. Nos conocemos desde hace muchos años, porque siempre hemos trabajado en torno a los mismos temas dentro del mundo del arte y el activismo queer. Hemos compartido salas de conferencias, performances y exposiciones. También compartimos nuestra incertidumbre cuando ambos queríamos ser padres/madres y nos vimos enfrentados a la difícil realidad de las pérdidas gestaciones.

Nos encontramos por Skype entre Suecia y Benicàssim, en el verano de 2014.

MARÍA: Mi primera pregunta está relacionada con una condición médica en los recién nacidos que no termino de comprender. El bebé de un buen amigo ha sido diagnosticado con hipospadias y los doctores dicen que tienen que operarlo. Intento obtener más información acerca de todo eso pero me es difícil, no encuentro mucho. ¿Me puedes ayudar?

DEL: ¿Qué grado de hipospadias tiene? ¿Es el bebé intersexual?

M: Es severo pero no el grado más severo. Les dijeron que no es una condición intersexual. Yo siento que quieren operar por estética, no para que la criatura pueda tener mejor placer sexual y un órgano funcional. ¡Están tan preocupados porque el niño sea capaz de orinar de pie! Sin embargo, ninguno de mis amigos con pene orina nunca de pie. Son feministas y siempre se sientan al orinar. No siento que sea tan importante cómo mea uno. Lo importante es hacerlo sin dolor ni problemas. Pero el cirujano con el que contactaron no estaba dispuesto a discutir nada.

D: ¿Por qué dijeron que no es una condición intersexual?

M: No lo sé, bueno, hicieron un estudio cromosómico y salió XY. Aunque estoy leyendo que el cromosoma Y no hace hombre a un ser humano. Que la cosa no es tan sencilla como XX femenino y masculino XY. Puede que el desarrollo celular embrionario de tu aparato genital haya vivido variaciones y no te ajustes al binomio hombre-mujer.

D: ¿Has visto alguna vez el documental *Intersexion*? Sale una persona intersexual con hipospadias que es amiga mía. Pasó por muchas operaciones y sufrimientos en su infancia.

Creo que es bueno que no estén presionando a tus amigxs para hacerlo ahora. Mi amigo, que se hizo varias operaciones para «normalizar» su cuerpo, dice que ojalá le hubieran dejado con los genitales con los que nació.

Tus amigos deberían escuchar a su criatura, él les dirá lo qué quiere cuando sea capaz de hablar. Cuando empiecen con la guardería tienen que asegurarse de que la gente que le cambie los pañales lo lleve bien. Los padres y madres tienen que ser conscientes de que sus genitales son especiales.

A los médicos les gusta decir ahora que las hipospadias y todos los demás tipos de diferencias genitales no son intersexualidad, porque... ¡los intersexuales son activistas!

M: Entiendo. Por lo que sabemos con las hipospadias sucede que a veces dicen que es intersexualidad y a veces no.

D: Tal vez no es importante si es o no es. Lo importante es lo que te dice la criatura. Y si ellos lo están criando como a un hombre, deben asegurarse de que entienda que no hay nada malo en la posibilidad de ser mujer en algún momento.

Muchas personas piensan que Mika es una chica, debido a su forma de vestir y porque tiene el pelo largo. Pensamos que está bien que traten a Mika como a una niña, tal vez así no crezca tan macho.

Una amiga mía escribió un libro infantil sobre cómo se hacen los bebés que habla de «cuerpos con útero» y no trata de mujeres y hombres. Y Cory, su autora, está escribiendo otro para criaturas más mayores sobre el cuerpo y la sexualidad.

M: ¡Conozco el libro! Se llama *¿Cómo se hace un bebé?*. Es estupendo. Lo único que no me gusta de ese libro es que dice «los bebés siempre vienen al mundo con dolor». Y no siempre es así.

D: Cierto... Nosotrxs acudimos a una clínica de fertilidad para concebir a Mika. Pero lo que es diferente para nosotrxs es que el donante de esperma era un amigo, Thomas. Quedamos a menudo con él y con su pareja, Helena. Tienen una criatura que es tres semanas mayor que Mika. Y ahora han tenido una segunda que es otras tres semanas mayor que nuestrx segundx hijx, Nico. Es muy bonito.
Thomas es un tipo queer fantástico. Es queer, no gay[2]. Pero lo más hermoso de cómo fue engendrado Mika es que Helena le hizo un fisting anal a Thomas cuando le masturbaba en la clínica de fertilidad. Me hice amigx del embriólogo luego y me dijo que es el mejor esperma que ha visto jamás.
Y eso es por el fisting, ¡estoy segurx!

M: No me cabe la menor duda. ¿Cómo le conocisteis?

D: Conocí a Thomas poniendo la palabra «queer» en la búsqueda de *qruiser.com*, un sitio para queers pero que mucha otra gente usa. Puse «queer» más la pequeña ciudad donde vivo, y fue la persona más interesante que salió. Así que nos encontramos y me quedé fascinadx con su increíble energía. Después me enteré de que había

2.- Nota de traducción: Gay querría decir simplemente homosexual. Al describir su sexualidad como queer se refiere a que esta es fluida y puede tener sexo con personas de distintos géneros, así como sentir que su género propio es también fluido.

tenido sexo con amigxs míxs transexuales FtoM (Female to Male), lesbianas, gays... Es el tipo de persona que les gusta a las lesbianas para tener sexo. Ya sabes, es un feminista, es un tipo genial.

Así que, una vez, cuando fuimos todxs juntxs a dar un paseo en bicicleta, tuve una visión. En aquel momento ni buscábamos esperma pero pensé que él podía ser la persona. ¡Lo supe! No pude decirle «Yo sé que tú eres el que nos dará el esperma». Pensamos mucho en ello y primero hablamos mucho con él. Así que son como parte de nuestra familia. Thomas es más como un tío, supongo. Pero nuestrxs hijxs son hermanxs.

Sin embargo, conozco a mucha gente que no quiere conocer a sus donantes, tienen miedo de que la criatura quiera ir a conocer a su padre biológico.

M: A mí me hubiera gustado conocer a mi padre biológico.

D: ¿Por qué no lo conociste?

M: Era un sacerdote. Abusó de mi madre cuando ella era muy joven. Lo vi una vez en la iglesia, en la Eucaristía. Me puso la hostia en la boca. No sabía que era yo, era una persona más en la fila de la iglesia.

D: Mi padre es un mormón. No me habló durante veinte años, no porque yo fuera queer (lo sabía, aunque nunca habló de ello), sino porque le dije a mi prima, su sobrina, hija de su hermano, que ella era intersexual. Eso fue un gran secreto de familia. Se suponía que ella había tenido cáncer. Dijeron que era la razón por la que no podía tener hijxs y por la que tuvo que tomar pastillas toda su vida. También mutilaron su clítoris completamente. Así que se lo dije cuando la vi en 1995. Me llevó diez años localizarla. Toda mi familia dijo «puedes conocerla pero nunca debes decírselo» y en cuanto la vi se lo dije. Así que él no me habló durante veinte años.

M: ¿Le dijeron que tenía cáncer en lugar de una condición intersexual? ¡Eso es increíblemente cruel!

D: Eso era lo normal, ¡es lo que hacían a todas las personas intersexuales! Y ¿por qué le quitaron el clítoris? Era un poco más grande, o tal vez mucho más grande, no lo sabemos. Ella me mostró sus genitales y no le queda nada. Una clitoridectomía completa. Y tiene una vagina pequeña pero le dieron tantas hormonas que sus pechos son gigantescos. Y ahora es lesbiana, mejor para ella. Tenía un novio que solía decir: «Si descubro que eres hermafrodita te mato». Fueron capaces de tener relaciones sexuales porque él tenía un pene muy pequeño, pero ella siempre se preguntaba: «¿Por qué nunca puedo tener un orgasmo?». Mi padrastro tiene demencia. Mi madre era bipolar. Ella era increíblemente hermosa, carismática, interesante... y una madre terrible. Tenía lo suficiente para comer, pero físicamente abusaron de mí desde el momento en que cumplí alrededor de los doce años. Ella podía estar muy bien, entonces daba un giro y te odiaba con pasión. También me pegaba. Y yo desaparecía.

M: Mi mamá era esquizofrénica y sé de lo que estás hablando: encantadora, dulce, mágica... y de repente las cosas cambiaban.

D: Sí, nunca sabías cuándo iba a venir. Creo que luego desarrollé un trastorno alimenticio.

M: ¡Yo también! Fui bulímica durante muchos años.

D: Yo tenía cero grasa y pensaba que era gorda cuando en realidad puede que hubiera tenido a lo sumo cinco kilos por encima de la media. Cuando era niña era muy delgada pero gané peso cuando me convertí en adolescente y sentía que ya no era atractiva. Y todos sabemos que las chicas tienen que ser consideradas atractivas, cueste lo que cueste.

Tal vez fue una coincidencia, pero ese fue el punto cuando mi madre comenzó a abusar, principalmente debido a la ruptura de su relación con mi padrastro.

Mi amiga Shirley y yo decidimos huir juntas. Shirley huía de su familia adoptiva y yo de mi violenta madre y de una vida familiar disfuncional. Otro aspecto de esta historia es el hecho de que estaba desarrollando mi cuerpo adolescente «de manera rara», no como las demás chicas. Fue bastante traumático.

El padre biológico de Shirley vivía en Key West Florida, así que lo llamó y nos envió dos billetes de Palm Springs a Miami. En cuanto llegamos a Florida, el padre de Shirley me llevó a su coche y me dijo que tenía que «tirármelo». Me dio una opción: podía salirme del coche a 2.500 kilómetros de casa o podía tirármelo. Tres mil millas es un arma muy poderosa cuando una criatura tiene solo catorce años, así que dejé que me follara. Veinticinco años más tarde supe que el padre de Shirley era un pedófilo que había estado violándola desde que tenía tres años y follándosela desde los siete. Yo ni siquiera sabía que había sido violada hasta años más tarde. Después de todo, dije que sí. Tuve que elegir. Podría haber salido del coche en la oscuridad, sola por Estados Unidos. ¿Qué clase de «elección» fue esa?

Esa es mi historia. Yo/nosotras logramos escapar después de un par de semanas y vivimos con una clase de monjes budistas en Key West. Al final tuvimos que volver a California. Pasaron años antes de que le contara a nadie lo que había sucedido. En lugar de obtener cualquier tipo de asesoramiento, ambas fuimos expulsadas de la escuela. Shirley, que no tenía ninguna familia biológica que no fuera su padre pedófilo, entró a un centro de menores. Yo me fui a vivir con mi padre mormón y su familia a Tulsa, Oklahoma. Dos años después de irme a vivir con ellos, su matrimonio con mi madrastra se rompió y ella me culpó. Así que me fui. Otra vez.

Tuve padres terribles, tal vez no los peores del mundo pero bastante malos. A veces me pregunto cómo he podido llegar a criar, y a criar yo creo que de una buena manera. Tal vez he aprendido de sus errores. Nunca estuve alentadx ni presionadx para ser padre o madre. ¿Por qué? ¡Porque era muy muy jodidamente queer!

M: Cuando te conviertes en padre o madre, tu propia infancia se revela. Me parece que ahora mismo es maravilloso para mí ser madre, pero hace diez años hubiera sido muy diferente, porque necesitaba pasar por mi propio proceso de terapia para sanar mis heridas.

D: Por supuesto. Yo soy MaPa. Soy una persona intersexual, genderqueer y trans*. Todas estas etiquetas son importantes para mí.

Mika ha ido a la guardería desde que tenía un año. Es un lugar fantástico que se especializa en salir al aire libre con las criaturas, incluso toman sus siestas en el exterior y están menos enfermxs que lxs niñxs que están siempre en el interior. También tiene una gran perspectiva de género y utilizan genéricos como criaturas, infancia, etc., en vez de «niños y niñas».

Un día, cuando estaba recogiendo a Mika de la guardería, le oí decir a una de las criaturas: «Mika, aquí viene tu papá». En mi mal sueco traté de explicar a esta personita que era MaPa de Mika, alguien que es tanto una mamá como un papá. Pude ver su confusión. Hablé con la persona que trabajaba en la guardería y me sugirió que escribiera una carta en sueco y en inglés. Esto es muy importante para mí, porque no quería que las criaturas fueran a casa diciendo que «Mika tiene un MaPa» y que los padres y madres les dijeran que estaban equivocadxs. Funcionó bastante bien. Ahora cuando les leen cuentos en la guardería incluyen Familias Arco Iris... ¡y MaPas!

A veces Mika dice que él es el MaPa y que yo soy su bebé. Jugamos a que me da de comer con un relactador, una de esas botellas con tubos que se pegan a los senos para que el bebé pueda alimentarse, succionando el pezón a través del tubo. Yo le había dado la teta a Mika con el relactador utilizando la leche de Matt, su madre. Pero cuando tenía tres meses nos fuimos a Estados Unidos y allí era muy duro hacer eso, así que dejé de hacerlo.

Incluso ahora Mika insiste en que la gente es gente y las criaturas son criaturas. Hay solamente un pronombre: «él». Yo soy él, mamá es él y todos los demás también. Hicimos un trato para no usar palabras como niña y niño, hombre y mujer, para distinguir a las personas con la esperanza de poder ralentizar el proceso de socialización binario. Con toda probabilidad nos pillará, pero espero que no nos arrastre y que Mika –y ahora Nico– desarrollen sus propias formas de resistencia a la normalidad.

Cuando Mika usa esmalte de uñas, todas las demás criaturas en la guardería quieren usarlo. Muchas personas creen que ser diferente de cualquier manera significa que sus criaturas van a ser intimidadas. Yo enseño a Mika que ser diferente es una muestra de coraje y fuerza. Mika puede ver esto por sí mismx solo viéndonos.

Mika ya está mostrando signos de tener una fuerte conciencia social. Hay un libro, *Lo que la mariquita oyó*, de Julia Donaldson, donde esto queda claro. Dos ladrones intentan robar la vaca del granjero, pero los animales de la granja, liderados por la mariquita, lo impiden. Y la policía se lleva a los ladrones. Mika comenzó a gritar «¡GRANJERO MALO! ¡POLICÍA MALA! ¡ANIMALES MALOS!». Le pregunté por qué y Mika dijo: «Tal vez los ladrones tienen hijxs y tienen hambre. Necesitan leche. Si van a la cárcel ¿quién va a alimentar a sus hijxs? El agricultor debe compartir. Dos noches con el granjero y dos noches con los ladrones. Entonces todo el mundo tiene leche».

¡Me sentí tan orgullosx de Mika!

También estoy enseñando a Mika que es muy importante recoger y limpiar. Recogemos basura juntxs todos los días, también de otras personas. Esto no tiene nada que ver con el género. Se trata de cuidar nuestro entorno y hacerlo agradable para todxs.

No tengo ningún temor de que Mika no se defienda a sí mismx y hasta ahora Mika no ha mostrado falta de autoestima. Aprender a compartir, tomar turnos, recoger por sí mismx y entender que otrxs tengan también «derechos» son lecciones que estamos trabajando cada día.

Mi objetivo es criar una criatura que sea fuerte pero también dulce, atenta y solidaria. Hasta ahora todo bien, pero ahora que Mika tiene tres años hay nuevos desafíos. Educar a una criatura para que cuestione nuestra autoridad y tome sus propias decisiones es mucho mejor que usar el poder que unx tiene como adultx.

M: ¿Qué quieres hacer diferente con tu nuevo bebé?

D: Antes pensaba en amamantar a Nico más, en público y más tiempo de lo que fui capaz de hacer con Mika. Pero esto no ha sucedido porque a) Nico no está interesado, b) Mika requiere mi presencia más y c) Matt, su madre, está en casa y necesita que Nico beba la leche que produce.

M: Una última pregunta: Tengo otra amiga que tiene una criatura de cinco o seis años, y la gente le pregunta si es un niño o niña y generalmente responde «él o ella decidirá por sí mismo cuando sea mayor». ¿Tienes una respuesta a esta pregunta tan común y tan intrusiva?

D: Lo que suelo contestar varía dependiendo de mi estado de ánimo, de quién lo pregunta y por qué. Suelo preguntar, muy suavemente, «¿has pensado alguna vez por qué esta pregunta es importante para ti?», o «¿me estás preguntando qué clase de genitales tiene mi hijo?», o «¿qué harías diferente si lo supieras?».

A veces digo/decimos que si quieren venir a cambiar un pañal pueden decidir por sí mismos lo que significa. O digo que Mika/Nico tienen penes o vaginas pero eso no significa que vayan a ser un chico o una chica.

O a veces simplemente digo: «Esa no es una pregunta que quiera responder o para la que tenga una respuesta».

Carta escrita por Del a la guardería de Mika

Hace unas semanas, cuando fui a recoger a Mika a la guardería, algunos de lxs niñxs le dijeron: «Mika, aquí viene tu papá». Pude ver que Mika estaba un poco confundido porque para él soy MaPa, no papá.

Una de las criaturas que me llamaron «papá de Mika» es un vecino. Así que respondí (en mi mal sueco) que, en realidad, yo soy el MaPa de Mika, alguien que es una mamá y un papá. No sé lo qué entendió esta criatura pero no me sorprende, ya que la información era complicada.

Cuando le hablé sobre este tema a una de las personas empleadas, fue muy receptiva y me dijo que, a veces, cuando leen los cuentos, cambian los nombres de mamá o papá por el de MaPa. Creo que esto es un gran primer paso, pero mi experiencia me ha enseñado que es probablemente una buena idea darle más información a lxs niñxs (y a sus padres y madres) para que entiendan algo que según el conocimiento general, no existe.

A la mayoría de las personas nos criaron para creer que hay dos sexos y solo dos sexos, macho y hembra. Sin embargo, soy una de las (al menos) una de cada dos mil personas que tienen cuerpos que no son enteramente masculino o femenino. Un viejo término para nosotrxs era hermafrodita, que cuenta con todo tipo de connotaciones místicas y algo negativas. Hoy en día el término que preferimos es intersexual.

Así, sin entrar demasiado en detalles, permíteme explicarte un poco sobre las variaciones intersexuales. Intersexual es un término general para las personas que nacen con cuerpos que no encajan en la definición estándar de macho o hembra. Se estima que una de cada quinientas personas tiene cuerpos de sexo mixto, en diversos grados. Algunas variaciones intersexuales son descubiertas al nacer y otras no se descubren hasta la pubertad o incluso hasta la muerte. A muchxs de nosotrxs que somos intersexuales nos han mentido nuestros padre y madres y médicxs porque creen que la única manera de vivir una vida feliz es ser varón o hembra, y que la verdad de nuestros cuerpos debe permanecer oculta, incluso de nosotrxs mismxs. A veces nos vemos obligadxs a someternos a cirugías no consensuales que son médicamente innecesarias para que nuestros cuerpos se ajusten, cirugías que muchas veces tienen efectos dañinos e irreversibles en nuestra capacidad para reproducir y disfrutar de todo el espectro de las relaciones románticas físicas.

Soy activista intersexual y parte de lo que hago como trabajo es educar sobre este y otros temas relacionados con los derechos humanos. Hago visible lo que se ha ocultado. Me siento una persona orgullosa de ser quien soy y de hacer lo que hago. No soy un hombre, aunque lo parezca a veces y suene como tal. No soy una mujer, aunque me crié como tal. Soy intersexual. Yo soy yo.

Por lo tanto, para ser fiel a mí mismx y para mostrar al mundo que es posible vivir una vida plena y feliz, yo elijo ser visible. Elijo rechazar el modelo de la vergüenza, secreto y silencio que a nosotrxs que somos intersexuales nos dicen que debemos adoptar con el fin de integrarnos en la sociedad.

Estas son las razones por las que me dirijo a ti y te pido que cumplas con mi solicitud para ser llamadx MaPa de Mika. También me gustaría invitarte a hablar conmigo y discutir libremente cualquier inquietud o pregunta que tengas. Cuando lxs niñxs en mi propia familia me han preguntado si soy una chica o un chico digo algo como: «Bueno, aunque la mayoría son chicos o chicas algunas personas como yo son algo especiales. ¡Soy ambos!».

¡Muchas gracias por tu atención!

Firmado: Del LaGrace Volcano, MaPa de Mika.

Madison Young

📷 Madison Young

Becoming MILF, Self Portrait by Artist Madison Young

Feminismo pro-sex, pornografía y maternidad

SOMOS MUCHAS LAS MUJERES que estamos trabajando con pornografía y feminismo. Y también tenemos criaturas. ¿Cómo se inscribe la maternidad en nuestro trabajo? Al fin y al cabo, si el tema de nuestra obra es la sexualidad, no podemos dejar de lado la maternidad como un estadio sexual más.

La pornografía *mainstream* incluye el embarazo como un fetiche más, ofreciendo una visión limitada del mismo. Hay excepciones, como la famosa actriz y directora de porno Belladonna, que tiene una maravillosa serie de vídeos porno en los que aparece embarazadísma y realizando prácticas de sexo *extreme hardcore,* llena de fuerza y poder. Ha conseguido integrar una faceta de la maternidad, el embarazo, en su trabajo de forma exitosa. Tal vez su secreto sea que solo trabaja con mujeres...

La activista feminista pro-sex Madison Young tiene una galería de arte feminista llamada Femina Potens que financió durante muchos años con su trabajo en la industria por-

> «Cuando me quedé embarazada fue vital para mí no desaparecer de las cámaras y poder mostrarle al mundo la naturaleza sexual y los deseos de una mujer embarazada».

nográfica BDSM en San Francisco y Los Ángeles –lo explica en su libro de memorias, *Daddy, A Memoir* (Barnacle Books, 2014)–. Cuando Madison se quedó embarazada decidió realizar un documental que mostrara distintas facetas de la sexualidad durante el embarazo: *Pregnant with desire*. Y así empezó a explorar la maternidad en su trabajo.

Madison es artista, autora, directora y revolucionaria sexual. Se dedica a crear más espacio en el mundo para el amor. Es madre de Em, a la que permite elegir su género libremente, y está a punto de publicar su libro *Sexy Mama's guide to an orgasmic life* (que se podría traducir como *La guía de la mami sexy para una vida orgásmica*).

Vive en California y nos conocimos en Seattle en noviembre de 2014, en una sesión de coaching sexual. Sí, Madison también ofrece sesiones de coaching sexual para padres y madres queer que desean darle un nuevo empuje a su vida sexual. Fue entonces cuando pudimos hablar de maternidad, sexualidad y crianza queer, pero Roc, mi bebé, borró el archivo de mi móvil pocos días después, antes de que pudiera transcribir la entrevista. Madison aceptó contestar nuevamente a mis preguntas por correo, en enero de 2015.

MARÍA: Tienes un precioso retrato amamantando a tu bebé que suscitó mucha polémica. Yo también estoy dando el pecho, no solo porque es saludable para ambos sino porque también es práctico y por las maravillosas sensaciones de amor y placer físico que se comparten con la criatura. No me extraña que haya mujeres que tienen orgasmos cuando dan de mamar...

MADISON: *MILFing Marilyn* fue un autorretrato que realicé con la colaboración de la técnica de cámara Malia Schlaefer. El autorretrato formaba parte de una exposición para la que trabajé como comisaria y creadora tan solo ocho semanas después de dar a luz, por lo que el resultado fue muy primario, sincero y tierno. La exposición se llamó

Becoming MILF[3] y exploraba el giro y la transformación de la identidad femenina y sexual en la maternidad, y cómo dicha identidad puede mutar o cambiar en esta etapa. En particular, trataba sobre la nueva identidad posparto de una mujer.

Con este autorretrato, en el que amamanto a mi bebé, quería personificar el estado transitorio del ser, el equilibrio de la identidad al conservar nuestra sexualidad propia y nuestra identidad sexual, a la vez que daba el pecho a mi criatura. Encarnamos todos los aspectos de una identidad múltiple: amor, sexo, crianza, cuidado maternal, escritora/artista, esposa/pareja, todo a la vez.

Me inspiré en el icónico retrato de Marilyn Monroe que hizo Richard Avedon y que realmente consigue una toma fascinante de la actriz, un momento en el que ella tiene la vista perdida y es muy real, muy sincera, muy vulnerable, muy humana. Es como un momento de transición. No mira al objetivo seduciendo al espectador, no pone una sonrisa, es como si estuviera preocupada, pensativa, aterrada por el mundo que tiene en frente. Ese momento nos descubre algo más y nos refiere a las inseguridades que como mujeres a veces sentimos.

Los primeros meses (o incluso el primer año) de la maternidad fueron aterradores, emotivos y representaron una enorme transición para mí. Supuso un tremendo esfuerzo emocional... y prácticamente sin poder dormir. Me vi en este espacio de transición, sin tener ni idea de en qué me estaba convirtiendo ni cuánto tiempo duraría atravesar esta etapa. Estaba enamorada de mi bebé y del cambio y la esperanza que había parido. Estaba enamorada de esta personita pero confusa respecto a mi propia identidad, con mi propio cuerpo, con mi propia sexualidad. Mi autorretra-

---

3.- MILF (siglas de *Mother I would Like to Fuck*, que se traduciría como «Madre a la que me follaría»).

to como Marilyn quería encapsular ese sentimiento, esa incertidumbre, la intimidad y la devoción hacia la otra persona y al mismo tiempo la existencia en ese espacio intermedio y desconocido del puerperio.

En cuanto al hecho de amamantar, de verdad que me parece ridículo que gran parte de la sociedad todavía no lo haya superado. Dar el pecho es realmente uno de los actos más naturales e instintivos que hacemos los humanos. Añadiría que el sexo también es algo natural e instintivo. Después de parir, las crías de los mamíferos maman. Se alimentan de la teta materna. Cuando nació Em, le acerqué directamente mi pecho y de inmediato empezó a mamar. Sin libro de instrucciones. Estamos programados para la lactancia, es una cuestión de supervivencia.

Dar el pecho es un acto tan cercano, tan íntimo, entre madre y criatura... es posiblemente el más íntimo que haya experimentado nunca. La cercanía, el vínculo emocional, la atadura física entre ambos, es surreal. Y, a nivel hormonal, amamantar sí que produce el mismo placer que cuando se liberan las hormonas de la euforia, como en el orgasmo. Nuestro cuerpo libera oxitocina para que la madre siga queriendo alimentar a la criatura, aun a pesar de ser doloroso en ocasiones y de no poder dormir. Es la manera natural de ayudar a la madre durante esta fase. Y la liberación de oxitocina claro que puede catalizar contracciones del útero. La razón de que nuestro cuerpo esté programado así es porque el útero en el puerperio sigue siendo mucho mayor que en la etapa previa al embarazo y las contracciones del útero (provocadas al dar el pecho) ayudan a que vuelva (relativamente) al tamaño anterior al embarazo. ¿Y sabes lo que es un orgasmo? Pues una combinación de la liberación de oxitocina y contracciones del útero junto con descargas del sistema nervioso.

Tener un orgasmo al amamantar es algo totalmente natural y es parte de la fisiología de los mamíferos, no lo convierte a uno en un pervertido, aunque se nos trate de esa forma y aunque la vergüenza ajena sea la reacción común frente a la idea de que pueda haber experiencias placenteras durante la lactancia.

En mi opinión, si a todos nos enseñaran a amar nuestro cuerpo y a no tenerle miedo, y nos informaran con sinceridad y sin prejuicios de cómo funciona y trabaja, incluyendo los órganos sexuales, las zonas erógenas y el sistema reproductivo, la percepción social de la lactancia podría cambiar. Y por eso son tan importantes nuestras historias y libros como este.

Por otro lado, hubiera sido impensable no incluir a mi bebé amamantando en este autorretrato porque nuestra identidad como madre y criatura durante el puerperio estaba muy unida.

En el parto, que fue bastante largo (47 horas), usar la varita mágica Hitachi[4] y masturbarme con los vibradores clitorales me fue de gran ayuda para controlar el dolor y la ansiedad. Tuve varios orgasmos al principio del parto pero pasadas las 30 horas estaba tan agotada que ya no tenía energía y me angustiaba que estuviese durando tanto tiempo. En vez de algo placentero se convirtió en una fuente de ansiedad y las últimas 10 horas fueron muy difíciles.

Estoy hablando con mi pareja sobre tener un segundo bebé y me encantaría poder dar a luz en casa o en un centro de maternidad y no en el hospital. Me sentiría mucho más relajada al ser la segunda vez. ¡Qué maravilla si pudiera tener un parto orgásmico! Me encantaría traer a alguien al mundo en estado de éxtasis. Menudo regalo.

4.- N. de T.: Una vara de masaje que se usa también para estimular el clítoris.

MARÍA: Disfruté mucho con tu película porno documental *Pregnant with desire* durante el Porn Film Festival Berlin (PFFB) en 2011. Creo que es importante tener en cuenta que la maternidad puede ser una fase muy especial de nuestra sexualidad. ¿Cómo fue para ti? ¿Y cómo fue dirigir esta película?

MADISON: Viajé al Porn Film Festival Berlin el año que estaba embarazada, en 2010. Ese año fui elegida para la sección «Filmmaker in Focus» y se proyectaron varias películas mías. Fue increíble. Creo que festivales y proyecciones como los que hay en PFFB están cambiando la forma en la que vemos porno y arte erótico.

Tuve la oportunidad de rodar una parte de *Women Reclaiming Sex on Film*, mi documental porno ganador del Feminist Porn Award de 2014, cuando estuve en Berlín en 2010 con Judy Minx. La escena artística de Berlín es alucinante, realmente apasionante.

Pregnant with desire, que se proyectó durante el PFFB de 2011, fue una película que dirigí para Good Releasing (la productora Good Vibrations). Para mí ese rodaje fue revolucionario. Le había propuesto la película a Good Releasing tras enterarme de que varias de mis amigas de la escena queer, indie y porno estaban embarazadas. Me di cuenta de que era un gran momento para documentar nuestro cuerpo, nuestra sexualidad y nuestro deseo en la escena alternativa. Era una oportunidad para mostrar el embarazo desde fuera del dictado heteronormativo.

Mi objetivo era crear una película que diera a conocer las fantasías de mujeres que sabían articular su deseo y hablar sobre su sexualidad con fluidez. Aportaron mucha consciencia sobre sus cuerpos y su sexualidad al proyecto.

Solo había visto películas educativas tipo «cómo tener sexo con mujeres embarazadas» o que utilizaban el cuerpo embarazado como fetiche para el espectador. No conocía ninguna película que ensalzara el deseo sexual de la mujer embarazada y me encantaba la idea de rendir homenaje a esa parte de la vida de algunas mujeres e ilustrar sus deseos, fantasías y miedos, así como documentar a personas de nuestra comunidad queer y feminista durante esa etapa de sus vidas.

Yo tenía 29 años y ya empezaba a sentir la llamada de mi propio reloj biológico. La película fue la ocasión ideal para investigar más a fondo el embarazo, el imaginario alternativo y las comunidades alternativas en torno al embarazo y la crianza.

Tenía dos amigas en distintos periodos de gestación: Miss Muffy estaba en el tercer trimestre y mi amiga Trixie en el primero. Trixie participó con una buena amiga suya y artista performer, Sadie Lune, cuyo fetiche por el embarazo era enorme. Le excitaban muchísimo las embarazadas. Tenía otra amiga, Penny, que justo acababa de dar a luz unas semanas antes, y ella y su marido pudieron hablar en ese momento del sexo posparto y del fetiche de la lactancia.

Normalmente las películas porno tienen al menos cuatro escenas, así que nos faltaba una actriz embarazada. La verdad es que, después de rodar las otras escenas y ver a mis amigas festejar el embarazo y la crianza de una nueva forma queer feminista –y como personas conscientes de su sexualidad que creaban sus propias reglas–, bueno... le dije a Good Vibes que si no encontraba a otra actriz para la película, ¡pues que a lo mejor yo misma me quedaba embarazada para que la pudiéramos terminar!

Pero la encontré. Fue a través de Craigslist, una web de contactos y compra-venta por internet. Ella había puesto un anuncio porque buscaba hacer de modelo para desnudos artísticos. Me arriesgué y le escribí un correo electrónico para ver si estaba interesada, ¡y dijo que sí! Charlamos un poco más y luego nos esforzamos mucho por construir una atmósfera en la que ella y el resto de las chicas se sintieran cómodas y que realmente respetara la forma en la que querían expresar su sexualidad.

Rodar *Pregnant with desire* me dio plena confianza en la idea de que realmente quería ser madre y experimentar el embarazo y la crianza en mi propio cuerpo.

MARÍA: Qué maravilla ver cómo tu trabajo pudo ayudarte a construir eso. ¿Cómo fue tu embarazo?

MADISON: Tuve un embarazo fenomenal. Representó un desafío desde el punto de vista emocional y con mi pareja tuvimos nuestros propios retos, tratando de entender nuestra relación y de saber si éramos compatibles para criar juntos. Resultó que somos maravillosos en la crianza conjunta y ha surgido toda una nueva relación entre ambos desde que nos hicimos padres.

En el plano sexual, fue un embarazo fantástico. Me sentía sexy y muy sensual. Quería masturbarme todo el rato y me encantaba tocarme los pechos, ¡que estaban hinchados y eran dos tallas más grandes! Me encantaba tocarme la barriga enorme, me parecía muy sensual su forma redondeada. Me sentía muy sexy al masajear y darme aceites por toda la tripa, la sentía como una extensión de mi monte púbico.

Es como si antes mi cuerpo hubiera estado lleno de valles y planicies y ahora brotaban esas preciosas montañas erógenas. Tenía un apetito sexual voraz. Aunque mis ganas de caricias eran algo irregulares, a veces me apetecía sexo oral, luego un masaje, luego la cuerda de bondage, pero no esa cuerda, la otra. Me volví mucho más exigente respecto al tipo de caricias. Siento que todo eso me ha ayudado a reflexionar más sobre mis propios deseos sexuales. Me volví una experta en controlar y comprobar mi cuerpo, y más asertiva en la comunicación con mis compañeros sexuales.

MARÍA: Has empezado un proyecto que se llama *Femina Potens* (FP) *Family*, que se centra en ofrecer programas, recursos, performances y arte para y sobre familias queer. ¿Qué tal funciona? Yo creo que hay una gran necesidad en la comunidad queer de integrar la maternidad. Quisiera criar a mi bebé con una visión de género abierta. ¿Cómo es en tu caso criar de forma queer?

MADISON: Creé FP *Family* en 2011 como parte de la organización artística Femina Potens que fundé en 2000. En 2011 acababa de ser madre. Quería crear eventos a los que acudir con mi bebé y ampliar los programas artísticos para que se ocuparan de temas muy importantes para mí en esa etapa de madre primeriza. También para dar oportunidades a familias alternativas, queer y feministas que tenían intereses comunes en arte, performances y cultura. Quería que hubiera oportunidad de hablar sobre maternidades subversivas en un espacio abierto y acogedor para familias pero sin la sensación que tienes en esos grupos de padres primerizos, ya que me coartaban a la hora de hablar de sexo o de películas eróticas o hasta de mi profesión (que es de lo primero que te preguntan).

Quería eventos en los que pudiera ser yo misma y a la vez ofrecer un espacio y una comunidad a otros, un espacio para una nueva generación de feministas y queers que crían de una forma nueva.

Tuvimos eventos estupendos que exploraban de dónde provenían nuestras familias y las familias que estábamos construyendo. Como parte de FP *Family* empecé un grupo semanal de escritura y de arte que incluía a los más pequeños. Nos turnábamos para jugar con ellos y para escribir y desarrollar técnicas de escritura, ya fuera en plan sprint o en plan maratoniano. También teníamos el *Sexy Mamas Social Club* para reunirnos y apoyarnos unas a otras durante el periplo diario de ser artista y sobrevivir la reciente maternidad, y hablar relajadamente de sexo, kink, nuestros cuerpos, etc. Fue crucial para sobrevivir como madre primeriza (y artista) ese año, después del nacimiento de Em. También ha habido exposiciones como *Becoming* MILF y *Building Our Own White Picket Fences,* además de eventos de voz hablada donde actuaban mamás queer y kinky como Shar Rednour, Thea Hilman, Penny Barber y Susie Bright.

A mí me entusiasmó y creo que también a otras madres y familias, que se habían sentido aisladas en sus experiencias. Además fue un descubrimiento para los que no tenían criaturas en la comunidad porque era como una ventana abierta a nuestra vida a través del arte y la palabra escrita. Nuestras vidas y nuestras historias se volvían visibles. Fue muy estimulante.

MARÍA: ¿Cuáles son ahora tus proyectos?

MADISON: Mi arte y mis exposiciones van cambiando según voy cambiando yo y lo que me rodea. Ahora me apasiona ser comisaria del ASKEW Film & Performance Festival y trabajar en mis propias performances artísticas y de artes visuales. También soy comisaria de películas de autor de cine erótico en uno de los teatros locales que tenemos en Oakland. He conocido a un montón de gente de la comunidad a través de una organización de Berkeley llamada Hacker Moms y voy a menudo a colaborar en la coordinación de sus eventos. Sé que trabajaré como comisaria de más programas relacionados con la maternidad y las familias alternativas pero, por ahora, estoy explorando otras temáticas dentro de mis proyectos de arte, cine y exposiciones.

Ahora que soy madre escojo con mucho más cuidado los proyectos, ya sean películas, proyectos de escritura o trabajos como comisaria de exposiciones. Así puedo, tanto como madre y como mujer, darme el tiempo para reflexionar y añadir más profundidad a los proyectos, y realizarlos de forma saludable para mí, sin quedarme completamente exhausta al acabar. He empezado a comprender la importancia de cuidarse a una misma y quiero enseñarle a mi criatura la importancia de cuidarse, de que el cariño corra por las venas para poder compartirlo con la otra persona y con los demás.

Respecto a Em y nuestra relación con las políticas de género, criamos a Em de una forma lo más neutral posible y le damos la oportunidad de elegir acerca de su género y cómo se identifica. En general usamos «they» (ellxs) como pronombre y preguntamos a Em cuáles son su pronombre y su nombre preferidos en cada momento. Durante unos tres meses su nombre preferido fue Femmy y los pronombres de género femenino fueron una constante. Después sus pronombres cambiaron a «they», niño/a, gato o chico. Y para mí tiene sentido. Creo que el género es algo que fluye y le enseñamos a Em a ver a la gente sin tener en cuenta el género, vamos, como personas, y que cada una pueda decidir cómo quiere identificarse. Es decir, que no se nos imponga pasivamente nuestra identidad, sino que seamos nosotrxs mismxs como individuos lxs que tengamos la facultad de definirla.

La gente preguntaba: ¿es niño o niña? Y yo simplemente miraba siempre a Em y le preguntaba cuál era su género preferido en ese momento. No era mi decisión.

Yo dejo que Em busque artículos por toda la tienda en cuestión de ropa o de juguetes. No creo en las secciones de niño o de niña. Y, en general, a Em le gusta un poco de todo. Cosas brillantes y con purpurina de la sección de niñas, y cohetes, camiones y coches de juguete de la sección de niños. A Mérida, la princesa, le encanta salir en su camión Tonka. Em sabe cómo preguntar a la gente cuál es su género preferido porque nosotrxs le preguntamos cuál es su género preferido. También invertimos mucho tiempo en crear una consciencia positiva del cuerpo. Le enseñamos a Em a conocer su cuerpo y cómo todos los cuerpos son distintos. Hablamos de cómo nuestra corporalidad y su apariencia no dictan el género de la persona. Aunque estos conceptos a veces resulten difíciles para los adultos, te sorprendería ver lo fácil que lo entiende una criatura.

Hemos conocido una organización en San Francisco que se llama Our Family Coalition. Nos han hablado de otra llamada Spectrum pero no nos hemos informado mucho. OFC es una organización LGBTQ y nos ayudó a contactar con otras familias LGBTQ. Spectrum es una organización que promueve la creatividad en cuestiones de género entre lxs más pequeñxs.

En Berkeley la gente parece aceptar de buena gana las diferentes ideas en torno al género y a la crianza, así que no hemos tenido que ir muy lejos a buscar recursos. Em también tiene a varios canguros trans* y también un tío trans* que ve muy a menudo, por lo que cuenta con un amplio abanico de expresiones de género a su alrededor. Y tenemos muchos cuentos infantiles sobre el tema como *Morris and the Tangerine Dress*, *The Princess Boy* y *10,000 Dresses*.

MARÍA: Muchas de las que trabajamos con el feminismo y la sexualidad explícita ahora somos madres. ¿Crees que se han dejado atrás los tiempos cuando era tabú que trabajadoras sexuales y actrices porno tuvieran bebés? ¿Sientes que tu trabajo haya potenciado tu maternidad y te haya ayudado en esta experiencia? En mi caso ciertamente ha sido así.

MADISON: Que las trabajadoras sexuales y actrices porno tengan bebés no es nada nuevo. Ahora bien, el hecho de salir y hacer público que eres una figura sexual y a la vez madre es bastante novedoso y muy transgresor, a la vez que influyente y necesario.

En la industria he conocido a muchas mujeres que eran madres pero que no hablaban de su maternidad ni en el rodaje, ni en entrevistas, ni de ninguna forma. Ellas encarnaban las fantasías sexuales de la gente y el ser madre no se incluía en esos papeles normalmente. Si se utilizaba en los guiones la fantasía del papel de madre, entonces se utilizaba su condición de «MILF» como un fetiche más, en vez de rendir homenaje a su sexualidad y al carácter polifacético de la persona donde la maternidad es solo un aspecto más representado. Muchas mujeres no revelaban que estaban casadas o que tenían criaturas, ni en el plató ni públicamente, por miedo a que se arruinara la fantasía y además perder el trabajo, por miedo a pensar que se las iba a desear menos.
Ahora tenemos un panorama más variado de películas porno y de arte erótico. Se ha producido un giro excepcional en los medios de comunicación de este tipo de arte durante los últimos cinco años. Vemos que hay películas eróticas que ensalzan las diferentes sexualidades y deseos humanos. Cuando me quedé embarazada fue vital para mí no desaparecer de las cámaras y poder mostrarle al mundo la naturaleza sexual y los deseos de una mujer embarazada. Rodar durante el puerperio ha sido, muy probablemente, lo más espantoso y aterrador que haya hecho nunca en cine. Me sentía casi sin control sobre mi cuerpo, muy incómoda en él. Mi cuerpo estaba a disgusto, como si pasara una segunda adolescencia, no lo sentía como mío. Me subía la leche y chorreaba al estornudar o al excitarme, tenía estrías en la tripa abultada, se me caía el pelo (debido al puerperio) y el útero estaba inflado pero vacío, aún se estaba encogiendo. Era un cuerpo que no lo sentía como propio pero donde tampoco ya germinaba nada. Fue un verdadero ejercicio de amor a una misma.
Creo que la sinceridad con la que he tratado las etapas vitales de mi embarazo y del posparto, y cómo se relacio-

naban con mi sexualidad y mi identidad sexual, les ha dado a otras mujeres el valor para expresar más abiertamente sus propias experiencias. He intentado ser de ayuda para las mujeres que pasan por esa misma transición.

Es complicado, todavía hay muchos tabúes sobre el tema del trabajo sexual y evidentemente en cuanto a la sexualidad y la maternidad. Existen muchos prejuicios arcaicos aún vigentes en nuestra sociedad que se remontan al complejo madre/puta y que tienen sus raíces en la vergüenza de nuestro propio cuerpo y vergüenza del sexo. Una vida sana es tener una vida sexual saludable y tener una buena relación con el propio cuerpo, para las personas que son madres y para las que no lo son, para todo ser humano.

Acaso lo más útil que me haya dado mi trabajo para sobrellevar la experiencia de la maternidad sea la capacidad de conocerme a mí misma. También el hecho de tener un lenguaje con el que expresar mis emociones y los difíciles momentos transitorios que atravesé al convertirme en madre. La capacidad de escribir, crear arte y cine ha sido clave para descubrir mi identidad como madre. No sé cómo lo hubiera conseguido de no haber sido por el arte.

Es empoderante tener el lenguaje de la creatividad para comunicar dónde estamos dentro de nuestro cuerpo y del mundo. Hago mucho hincapié sobre este punto y le enseño a Em a usar el arte como forma de expresión. Procuro darle un espacio y un lenguaje para que pueda expresar sus sentimientos y su punto de vista.

Em ha demostrado tener una gran faceta artística y le encanta pintar, dibujar y hacer música. Le dejo una pared de casa para que cree arte y haga de pequeña comisaria de exposiciones. ¡Y va cambiando el contenido con nuevas obras suyas cada mes! Es una verdadera experiencia de aprendizaje. También creamos mucha música. Por ejemplo, por las mañanas hacemos música juntas y escribimos canciones sobre cómo nos sentimos esa mañana y los sueños y deseos que tenemos para ese día. Quiero poder ofrecerle a Em la misma sensación de fortaleza que yo siento al ser artista.

Mi trabajo en el mundo de la sexualidad me ha ayudado a no tener miedo de mi cuerpo. Me ha servido para amarme a mí misma y me ha empoderado como madre para enseñar a mi criatura acerca de su propio cuerpo, para acordar y negociar el consentimiento entre cada cuerpo. Que no le tenga miedo, que le preste atención y que lo ame. Para mí es un regalo fundamental.

Stéphane Mathé

Erik Huma

Paternidad trans*

TANTO UNA MUJER COMO UN HOMBRE, como una persona que elige no identificarse con ninguna de estas dos categorías, puede gestar, parir y criar. Hay personas con úteros, hay mujeres que no tienen útero y hombres que sí lo tienen. Diferenciemos biología de construcción social de género. La maternidad/paternidad trans* es una opción más. Palabras que definen infinitas realidades. Aunque confío en la universalidad del concepto de maternidad, en esta ocasión preferimos utilizar el término paternidad.

Erik Huma es una persona trans* que gestó a su hija en su útero. Erik empezó a realizar el cambio social de género a los 19 años. Como él nos cuenta, es un proceso largo que no acaba nunca. Fue padre a los 27 años.

Erik Huma es activista trans* y trabaja en un centro de personas de diversidad funcional en Barcelona. Tiene una hija de cinco años que se llama Zoeh. Ha formado parte de colectivos de activismo trans* como la Guerrilla Travolaka, cuyo manifiesto me parece inspirador y por eso lo incluyo

> «Si nos dejaran experimentar, lo haríamos muchísimo más. Pero no nos dejan. Todos tenemos expresiones de género diferentes».

aquí. Dice así (en catalán): «Ni homes, ni dones. Ni disfòrics, ni transtornats, ni transsexuals. Només som guerrilleres o guerrillers segons el moment. Pirates del gènere, buscadors de tresors. Som Trans-resistents, Trans-guerrilleres, Trans-ciutadanes, Travolakes, Drag-Kings i DragQueens. Dissidents de l'heteropatriarcat». (Traduzco al castellano: «Ni hombres, ni mujeres. Ni disfóricos, ni trastornados, ni transexuales. Solo guerrilleros o guerrilleras según el momento. Piratas del género, buscadorxs de tesoros. Somos Trans-resistentes, Trans-gerrilleras, Trans-ciudadanas, Travolakas, Drag-Kings y Drag-Queens. Disidentes del Heteropatriarcado».)

Nos conocemos de compartir activismos en cafetas y centros sociales de Barcelona, de cuando yo formaba parte de Girlswholikeporno y él de Guerrilla Travolaka.

Hacemos esta entrevista por Skype entre su casa de Poble Sec y mi casa en Benicàssim en el verano de 2015. Hace un calor insoportable y Erik me recibe desnudo –intuyo unos pequeños shorts– con su cresta y su bigote, increíblemente sexy. No sé si entrevistarle o proponerle un encuentro de sexo online. Me seco el sudor de la frente, pongo el ventilador a tope y comenzamos la entrevista:

MARÍA: ¿Cómo te gusta que te llame tu criatura? ¿Cuál es la identidad con la que te sientes cómodo?

ERIK: Yo no quería que me llamase papá. Quería que me llamase por mi nombre, Erik, pero no lo conseguí.

M: Algunos críos lo hacen espontáneamente, pasan a llamar a sus padres por su nombre de pila en algún momento de su infancia. Yo tengo amigos alemanes que lo hacen también. ¿Cómo te llama entonces?

E: Me llama Papa-Erick como si Papa-Erik fuera mi nombre completo. Los niños de su escuela me llaman Papa-Erik también.

M: Bueno, ella ha encontrado su propia forma. Un amigo de Vancouver que es padre trans* y que también gestó a su hija en su cuerpo, me contaba que había elegido no utilizar la palabra padre para definir la relación con su hija, sino MaPa. Recuerdo sus palabras porque eran muy bonitas: «Me hago llamar MaPa porque quiero honrar el hecho de que gesté a mi hija en mi vientre».

E: Yo me siento relativamente cómodo con el término padre y paternidad. Pero Zoeh (su hija) me reconoce así. Algunas veces, cuando alguien pregunta dónde está la mamá de Zoeh, les respondo que yo soy su mamá y su papá. Por cierto, Del LaGrace Volcano también utiliza la palabra MaPa, siempre me pareció muy lindo.

M: Sí, y también forma parte de este libro. Tiendo a utilizar el término maternidad como universal, en femenino plural. Aunque en determinadas entrevistas utilizo otros términos como MaPaternidad, como en el caso de Del. ¿Tú te sientes tal vez más cómodo con el término paternidad?

E: Sí. Pero hay tantas maternidades, o paternidades, que pienso que a veces da igual un término u otro... Es un juego de roles. Igual que a veces jugamos a que nos disfrazamos de mujer o de hombre.

M: Cuéntame cómo llegó Zoeh a tu vida.

E: Fue una decisión consciente, aunque nunca había pensado en tener hijos, no era mi plan de vida y tampoco el de mi pareja. Así que supuso un shock en nuestras vidas. Fue raro cómo tomé esa decisión, no fue racional, no fue de la cabeza...

M: ...sino de las entrañas.

E: Claro. Nunca antes había entendido cómo nos afectan los cambios hormonales. Ahí empecé a entender que hay algo más que nos mueve...

M: ¿Tú tomas hormonas?

E: Me hormono, sí, desde hace bastantes años, cuando empecé la transición de mujer a hombre.

M: Pero para el embarazo te dejaste de hormonar, ¿verdad?

E: Sí, tuve que dejar de hacerlo. Pero tuvimos suerte, porque fuimos a una clínica en Barcelona que tiene una unidad para personas intersexuales, la única que hay en Cataluña. Estuvo muy bien porque no había que explicarles nada, entendían todo. Ellos manejaban toda la información en torno al tema de las hormonas, por ejemplo.

Antes de nacer Zoeh le habían hecho ya todo tipo de pruebas, porque querían descartar que le hubiera afectado mi hormonación previa. Me trataron muy bien y la verdad es que me quedé sorprendido. Otras personas que conozco cuentan historias no tan positivas.

M: Este amigo de Vancouver del que te hablaba también me contó que le fue bien. Nos contaba que la persona que les daba las clases de preparación al parto se volvía loca para no usar la palabra madre, por si se sentía excluido. Tuvo que hablar con ella en privado para explicarle que no pasaba nada si la utilizaba, que también se sentía madre de alguna forma.

¿Qué tal fue la crianza de Zoeh?

E: Cuando Zoeh nació me mudé a casa de Patrice y Neus. Me gustaba mucho la idea de ser una unidad familiar abierta, no éramos solo una pareja, aun así fue complicado, porque yo estaba en medio del shock y la convulsión hormonal. Teníamos tantas cosas que aprender y muy pocas personas cerca a las que poder preguntar... Prácticamente ningunx de nuestrxs amigxs tenía hijxs.

Teníamos que dejar tantas cosas atrás, al menos por un tiempo. Pero afortunadamente aparecieron cosas nuevas entramos en una asociación de madres y padres que habían creado una escuela de educación libre. Éramos unas diez familias

Nos implicamos completamente en el proyecto y esto es lo que más me ha ayudado en la crianza de Zoeh: gracias a ese trabajo en grupo, lo haces mejor de lo que llegarías a hacerlo nunca. Para mí eso fue muy importante. La escuela se llama Circ de Puses (Circo de Pulgas, en castellano). Allí aprendí todo lo que sé. Me hicieron pensar un montón, y hay cosas que afectaron a otras áreas de mi vida, como mi trabajo.

Trabajo en un centro de personas con diversidad funcional, normalmente es gente con enfermedades cerebrales adquiridas por ictus o traumatismos. También hay personas con parálisis cerebral. Hago talleres y soy un apoyo para que su vida sea más autónoma. Antes, sin darme cuenta, intentaba imponer los contenidos en el proceso de aprendizaje. Sin embargo, con la crianza de Zoeh he entendido que todo es más fácil cuando se trabaja a partir de los intereses propios de las criaturas o de las personas. Con las criaturas no puedes llegar con tu temario en plan «hoy vamos hacer esto o lo otro». Es mejor responder a sus preguntas, y buscar sus intereses en cada momento. Ahora me centro en las motivaciones específicas de cada persona.

M: A mí la crianza también me ha enseñado mucho a todos los niveles de mi vida... ¿Con Zoeh os planteasteis la cuestión del género neutro en el tema de la crianza?

E: No como algo que pudiésemos llevar a la práctica, todxs le tratamos en femenino, Zoeh es un nombre ambiguo, significa vida en Griego.

Zoeh vive en femenino muy tranquila y a gusto, al nacer no le perforamos las orejas, pero ella quería ponerse pendientes, insistió mucho y cuando solo tenía cuatro años se los hizo.

Tratamos con respeto su expresión de género, pero tengo que decir que a veces me muerdo las uñas a escondidas por estos temas.
No hemos utilizado el género neutro para referirnos a ella, no hemos entrado en estas cuestiones. Me pasé mucho tiempo de mi vida hablando en género neutro para mí, no me sería difícil hacerlo.

M: Recuerdo que una vez le comenté a una amiga que quería ponerle un nombre neutro a mi criatura para que pudiera fluir entre los géneros si así lo deseaba. Ella me respondió que lo importante no era el nombre, ¡sino que sus padres apoyasen su cambio de género!

E: Es fácil cambiar de nombre. Lxs niñxs siempre tienen muchos nombres de todas formas.

M: ¿Has tenido la necesidad de explicarle algo sobre su concepción y sobre tu relación con ella?

E: Sí, he tenido la necesidad de explicárselo todo el tiempo, nunca he mentido a Zoeh y eso es algo que ella sabe. Creo que tenemos una relación de ultraconfianza. En este caso solo omitir algo así sería como mentir y yo deseo que ella confíe en mí.

M: ¿Y cómo se lo hacías?

E: De diferentes formas. Siempre hay oportunidades para explicar las cosas. Cuando nació mi sobrino le expliqué que así como mi sobrino había estado en la panza de la tía, ella se había gestado en la mía. Ella siempre lo supo, ¡cómo no lo iba a saber!
¿Tú no te planteaste lo del género neutro con tu hijo Roc?

M: A mí el nombre de Roc me vino porque me daba fuerza, de alguna forma yo sentía que mi embarazo no iba bien y que mi criatura necesitaba fuerza. De todas formas,

¿por qué los nombres deben estar asociados a un género u otro?

E: El otro día Zoeh nos decía que es muy difícil saber si alguien es chico o chica; no basta con preguntar el nombre (como le habíamos explicado alguna vez). Por ejemplo: ¿Rafa y Karmen? Nos preguntó. Ellxs utilizan nombres que no están generalmente asociados al género que expresan.

M: ¿Cómo viviste tu embarazo a nivel físico?

E: Fue algo muy emocionante, a nivel de cuerpo fue muy bien. Aunque al final fue un poco duro porque estaba muy cansado, las últimas ecografías y exámenes son agotadores...
Lo que más me marcó fue la experiencia social. Le pasa a todo el mundo. Yo estaba muy acostumbrado a ser como soy, pero de repente todo el mundo parecía que tenía el derecho a opinar sobre mí. Desde qué tipo de complemento de hierro tienes que tomar a otras cuestiones. Yo he ejercido un derecho de autodeterminación sobre mi cuerpo que me ha llevado a ser quien soy hoy. Soy consciente de mi cuerpo y no iba a hacer nada que pusiera en peligro a mi bebé. No entendía cómo la gente se permitía hablarme en un tono tan paternalista y a tomar partido sobre mi cuerpo de esa forma.

M: Fíjate que sobre este tema hay un discurso feminista que señala que el cuerpo de la mujer es el lugar común donde todo el mundo piensa que tiene derecho de opinar. A pesar de vivir tu embarazo desde tu cuerpo social de hombre, no te libraste de esa opresión.

E: No, me comí todo eso.

M: ¿Cómo fue el parto?

E: Bien, parí con epidural en el hospital. Yo no me sentía preparado para hacer un parto en casa, el hospital me daba seguridad. Tenía mucho miedo.

M: Lo importante es parir donde tú te sientes más cómodo. ¿Te sentiste cuidado en el hospital? ¿Utilizaban el masculino para referirse a ti?

E: Sí, me sentí bien cuidado. Utilizaban el masculino todo el tiempo. El personal fue muy respetuoso. Me cuidaron hasta que yo quise. Pero no tengo buen recuerdo del parto porque tenía mucho miedo.

M: Es normal tener miedo. Una amiga mía comadrona me decía que a lo largo de la historia muchas personas han muerto en el parto y que llevamos esa historia dentro.

E: Mi hermana acaba de tener otro hijo y se fue la mar de contenta al hospital a parir. Sin embargo, mi madre parió a su primer hijo de forma natural pero para sus dos partos siguientes, el de mi hermana y el mío, eligió cesárea programada.

M: ¿Le diste la teta? ¿Te apeteció?

E: Ni me apeteció ni podía. Me había hecho una mastectomía.

M: ¿Y tu familia qué tal? ¿Qué tal llevaron ellos el que fueras a convertirte en padre?

E: Bien. Hablé con ellos antes de que naciera Zoeh y se lo tomaron muy bien. Ha sido una oportunidad para unirnos, están encantados.

M: Qué maravilla, porque la crianza necesita tribu...

E: Uno de los problemas más grandes que he encontrado en la crianza es el aislamiento. En la escuela de Zoeh estamos en contacto con más de 20 personas diferentes y eso enriquece un montón, porque las cosas se pueden hacer de muchas formas. Solo en tu casa se te vuelve el cerebro muy pequeño, ¿no? Sales y empiezas a ver el mundo. Y esa experiencia te enriquece y te transforma.

M: Cataluña tiene una tradición de escuelas libres brutal desde el anarquismo, es un lujazo...

¿Hay algo que sientas que quieres añadir a la entrevista?

E: Sí, ¡que hay muchas personas trans* que tienen hijxs! Yo tengo un buen amigo que se llama Esther y tiene un hijo que también gestó en su útero. Él es francés y está viviendo ahora en Bolivia.

Por otra parte, me gustaría decir que no hay que darle mucha importancia a la expresión de género. Si nos dejaran experimentar, lo haríamos muchísimo más. Pero no nos dejan. Todos tenemos expresiones de género diferentes.

Mad Kate

© Adrienne Teicher

Crianza compartida y queer
(*Gender queer co-parenting*)

LA ORGANIZACIÓN FAMILIAR consistente en una o varias criaturas más un padre y una madre biológicxs es un invento reciente que poco tiene que ver con una organización funcional de la crianza. De hecho, es un sistema que causa muchos problemas. Hay sociedades que tienen conceptos más abiertos, como la paternidad múltiple, que considera que para que un embarazo llegue a buen término se necesita el semen de muchos hombres. Y que todos esos hombres van a aportar a la crianza. En otras sociedades la noción de tío y padre está muy ligada, y los hombres ejercen de padres con los hijos de sus hermanas, con los que tiene una relación consanguínea asegurada. En cualquier caso son

> «Empecé a pensar en el poder de tomar decisiones sobre mi familia. Muchas personas *queer* escogen a su propia familia, grupos de personas con quienes vivimos y formamos comunidad, que son como hermanos y hermanas o madres y padres escogidxs. Tenemos también el poder de escoger con quién criamos, independientemente de con quién nos relacionamos sexualmente».

numerosas las sociedades que no dan tanta importancia a la paternidad biológica.

Y, de todas formas, siempre han existido desviaciones, de forma más o menos pública. Yo misma fui criada por un padre que, a pesar de no ser mi padre biológico, siempre me sintió como su hija. Jamás le escuché referirse a mí de otra forma que como a su hija. Para mí siempre fue mi padre y lo sigue siendo.

Si queremos relacionarnos fuera de la pareja heterosexual normativa impuesta, lógicamente vamos a criar en otro tipo de organización familiar. La crianza compartida –o en inglés *co-parenting*– es una opción que cada vez más personas toman.

Mad Kate siempre ha vivido relaciones abiertas, poliamorosas y gender queer, desafiando las relaciones heteronormativas y monógamas, así que cuando quiso ser madre/padre lo hizo a través de un proyecto de crianza compartida. Kate subvierte la idea de familia nuclear y nos presenta el goce y los retos de crear y criar en una familia queer, plural y subversiva.

Mad Kate es una artista de performance queer y radical que vive y trabaja en Berlín y por todo el mundo. Tiene una criatura llamada Lorca, de un año. Nos conocimos en Berlín cuando estuve viviendo allí un año en el 2007. Ella formaba y forma parte de la escena artística queer de la ciudad.

Nos encontramos en Skype entre Benicàssim y Berlín en el verano de 2014.

MARÍA: Estás en un proyecto de crianza compartida junto a Kay y a la performer feminista Sadie Lune.

MAD KATE: Tanto yo como Kay nos llamamos «padres», así que Kay es «Papá Kay» y yo soy «Papi Kate». No sé muy bien el porqué de este nombre. Sencillamente me pareció más apropiado para mí. Quería ser de algún modo un padre para Lorca. Creo que también porque pensé que en algún momento querría tener mi propix hijx biológicx, y entonces podría ser «mamá». Soy queer en cuestiones de género, así que sentí que podía apropiarme de la palabra «papá» sin ser varón, sin tener que ajustarme a ningún rol de género en particular.

M: Quería que me hablaras de tu propio trabajo como artista para después convertirte en papá.

K: La decisión de co-criar con Sadie fue un tanto complicada al principio. Estoy en una relación poliamorosa, de modo que mi pareja primaria (y que también es mi marido) tiene una novia. Su nombre es Katharina. Ella se quedó embarazada y decidió tener el bebé. Fue un gran shock.

Yo había estado pensando durante años sobre distintos tipos de crianza. También había escrito y pensado sobre cómo yo no quería estar necesariamente en una familia nuclear con mi pareja primaria. Tenía un poco de miedo a quedarme embarazada en una constelación de ese tipo, porque pensaba que podría ponernos en una situación de mucho aislamiento. Estuve pensando en cómo subvertir la idea de familia, pero no sabía cómo hacerlo, aunque tengamos una relación poliamorosa y seamos queer. Si íbamos a tener unx hijx juntxs, ¿íbamos a hacerlo de forma heteronormativa? ¿Seríamos capaces de superar los primeros años de supuesto aislamiento y aun así ampliar nuestra familia de una manera queer? No es que no pudiéramos, pero yo estaba buscando formas de hacerlo de verdad. Así que, en cierto sentido, cuando me enteré de que su novia estaba embarazada, me quedé en shock, pero también tuve una cierta sensación de libertad. Pensé: «Bueno, quizás esta sea la respuesta a cómo subvertir o reorganizar nuestra familia, si lo aceptamos de forma positiva».

Por aquel entonces tuve un sueño sobre lo que estaba buscando como m/padre. No fue del tipo «¿es mi amante primario la persona adecuada con quien tener unx hijx?». Fue más bien del tipo «¿con qué tipo de gente quiero criar?». Empecé a pensar en el poder de tomar decisiones sobre mi familia. Muchas personas queer escogen a su propia familia, grupos de personas con quienes vivimos y formamos comunidad, que son como hermanos y hermanas o madres y padres escogidxs. Tenemos también el poder de escoger con quién criamos, independientemente de con quién nos relacionamos sexualmente. Pensaba en cómo podía escoger con quién quería criar. Enseguida pensé en Sadie. Pensé que Sadie y yo teníamos valores similares. Y dos semanas después de aquel sueño, ¡hablando por teléfono con Sadie, me dijo que estaba embarazada!

Así que todo fue para mí como un alineamiento de estrellas. Fue el sueño, el hecho de que Sadie estuviera embarazada y que mi pareja (su novia) también lo estuviera en ese mismo momento. Y pensé: «Bueno, todos estos bebés están en camino, así que lo que probablemente tengo que hacer es encontrar el modo de formar parte de sus vidas en lugar de alejarme». Así que le ofrecí a Sadie co-criar con ella, ser uno de sus papás, y dijo: «¡Estupendo, estaba buscando a personas con quien compartir la crianza!».

Elegí formar parte de la vida del bebé de Sadie y criarlo como su papá. Y luego vi un número indeterminado de otrxs p/madres invoculcradxs también, como Kay –la pareja sentimental de Sadie entonces– y posiblemente otras personas que no conocía entonces y que quizás todavía están por llegar. Porque pienso que hay otras personas clave que tal vez se involucren en el futuro.

Cuando tomé esa decisión, fue y es una decisión para toda la vida. Asumí un compromiso. Y también por Sadie, obviamente. Así que me dije: «Pase lo que pase, al menos me siento comprometida y entregada en mi relación con Lorca, mi hija». Para mí eso es lo importante. Ha habido muchos retos a lo largo del camino. Ha puesto mucha presión en mi relación con Sadie, porque no es fácil criar de forma compartida. Hay muchas cosas fantásticas en el hecho de que no haya una relación sexual o romántica entre nosotras, pero también hay aspectos difíciles.

Sadie se mudó a Berlín desde EEUU cuando estaba embarazada. Hubo muchos cambios. No solo se mudó aquí, sino que además pasamos de repente a una situación en la que estábamos mucho más unidas –teníamos que estarlo– de lo que habíamos estado jamás. Uno de los mayores retos es la cantidad de cambios que han ocurrido en el último año y medio. Creo que se necesita más tiempo para realmente crear los vínculos que necesitas, y esos vínculos todavía se están asentando.

Kay es de nacionalidad francesa y tanto Sadie como yo somos americanas inmigrantes en Alemania. Yo tengo que renovar mi visado cada dos años para permanecer aquí. Mi estatus no es totalmente precario, pero tampoco me siento completamente segura. No puedo recibir ayudas del Estado.

M: Todas esas cuestiones legales y prácticas llegan con los bebés, son parte del proceso.

K: Desde luego. Primero la cuestión era que Sadie se instalara. Le dije que podía solicitar visado como artista, igual que lo hago yo, pero como estaba a punto de ser madre no iba a poder actuar tanto. Así que nos preguntamos qué íbamos a hacer al respecto. En segundo lugar, el padre de Lorca es un donante de esperma que obviamente no está involucrado en la crianza.

M: Pensé que Kay era el padre de Lorca.

K: No. De hecho él es un hombre trans*. Luego te hablaré sobre ser reconocidxs como una familia de tres. Kay, por su apariencia, podría ser el padre biológico de Lorca, aunque de hecho no lo sea. Así que no sabíamos cómo íbamos a conseguir estatus legal para que Lorca y Sadie pudieran quedarse en Alemania. No es nada sencillo. Lorca nació en Alemania, pero Alemania es distinta de EEUU. El hecho de nacer en Alemania no te da automáticamente la nacionalidad. Así que había unas cuantas cuestiones que eran muy importantes y delicadas. Otro ejemplo era cómo íbamos a conseguir atención sanitaria para Sadie. De hecho, ella no tenía atención sanitaria tampoco en EEUU... Allí una matrona la había estado ayudando de forma ilegal. Sadie no tenía seguro sanitario porque es trabajadora sexual, lo cual es completamente ilegal en EEUU. No tenía apoyo alguno. Hay varias clínicas donde puedes recibir atención de forma anónima, pero Sadie no recibía ningún tipo de atención sanitaria oficial. Así que un parto en casa podía resultar muy caro en EEUU. Depende: si el parto en casa va según lo previsto y todo marcha bien, entonces es gratis, genial. Y lo mismo sucede en Alemania. Pero si algo va mal y no tienes seguro médico, puede ser una pesadilla. De modo que era un gran riesgo para todxs nosotrxs.

Yo me puse a buscar matronas en Alemania antes de que ella llegara y encontramos a dos fantásticas. Una era muy de la vieja escuela, con un punto como de bruja. Había llevado a cabo unos 200 partos en casa, era muy tranquila, había viajado por todo el mundo y su marido era de Gambia, así que había pasado algún tiempo en África. También teníamos otra matrona, joven y con muy poca experiencia en partos en casa, pero era una matrona muy queer y muy a la última, que conocía a todo el mundo en nuestra escena artística queer de Berlín. Era pues una combinación interesante y decidimos que las dos estuvieran con nosotrxs durante el parto.

También leímos mucho. Leímos el libro *Partería espiritual* de Ima May Gaskin. Y un buen día nos pusimos de parto.

Fue larguísimo. Desde las primeras contracciones hasta que dio a luz pasaron más de sesenta horas. Y lo que pasó al final fue que la matrona mayor, la que casi nunca lleva a las mujeres al hospital, decidió que Sadie sí tenía que ir al hospital. Supongo que debí haberlo sabido entonces, pero no caí en ello: básicamente, esta matrona tenía tanta experiencia que nunca llevaría a una mujer al hospital salvo si veía que la cesárea era absolutamente necesaria. Pero ella ni siquiera quería verbalizar aquello, comprensiblemente, para no estresarnos más. Simplemente dijo, después de muchas horas: «Vale, tienes que ir al hospital». Llegamos al hospital pero continuamos tratando de tener un parto natural. En ese punto, las cosas se pusieron realmente feas. Porque desde el momento en que te ingresan de un parto en casa a un hospital va como de la noche al día. Desde el momento mismo en que ingresan a una mujer en el hospital, simplemente proceden a medicalizarla. Todo es mucho más invasivo y están todas esas máquinas, te dan de alta, y te ingresan, y te vuelven a dar de alta.

M: No sé cómo es en Alemania, pero en España te tratan con cierto desprecio, como si pensaran «Lo has intentado en casa y como has fracasado, ¿ahora vienes a nosotros?». Al mismo tiempo, mi doula solía decirme que si tenía que ir al hospital, debía estar agradecida a la vida de tener esa opción. Que no lo viera como «Oh, mierda, tuvimos que ir al hospital», sino al contrario, como una bendición: «Oh, pudimos ir a un hospital». Y eso a mí me ayudó mucho. Pero dicho esto, pueden llegar a ser muy groseros, muy invasivos, como tú dices, muy irrespetuosos.

K: Tienes toda la razón. Pienso que esa es una cuestión importante porque también tiene que ver con cuán privilegiadxs somos. Por una parte, pienso que debería ser una expectativa básica poder decir «¡Eh!, esta es mi familia, esta es la gente con quien quiero estar y quiero ser tratada con respeto». Creo que mostraron desprecio porque lo intentamos en casa, porque hablábamos inglés, éramos inmigrantes y cuando hablamos alemán no es fluido. Muestran desprecio porque somos una familia queer, somos dos mujeres queer y un hombre trans* que quieren estar en el parto. No éramos solo dos personas queer, ¡éramos tres! Pero, por otra parte, como bien dices, por supuesto también me siento extremadamente agradecida porque sí pudimos tener acceso a una atención médica excelente. Hicieron un gran trabajo con la cesárea.

M: ¿Cómo llevasteis lo de no poder estar lxs tres en el parto?
K: Bueno, en realidad sí que pudimos.

M: ¿Ah, sí? ¿Y tuvisteis que pelear por ello?
K: Sí, Kay peleó por ello, fue genial. Fue genial porque fue un punto de inflexión para nosotrxs. Se metió en el papel de mediador de forma fantástica, en plan «Somos una familia de tres padres/madres». De repente me sentí bien por estar en esto juntxs. Fue un momento de vinculación afectiva muy fuerte. Me hizo sentirme muy segura con Kay. Y significó que cuando Sadie tuvo que entrar a que le hicieran la cesárea, lxs tres pudimos estar allí. Fue precioso, porque Kay y yo teníamos que estar allí llevando esa ridícula ropa azul. Estábamos cada unx a un lado de Sadie.

M: Tengo una amiga que ha tenido una cesárea hace poco pero fue todo tan respetuoso que dijo que fue mejor que su primer parto vaginal. No separaron al bebé de su mamá, porque hicieron todo lo que tenían que hacer con el bebé estando sobre ella. Dijo que fue muy tierno. También puede haber cesáreas que sean respetuosas y te hagan sentir bien.

K: Qué maravilla. En nuestro caso, no me gustó el comportamiento de la matrona del hospital. Las matronas que habíamos escogido para el parto en casa no pudieron estar allí. Eso fue duro porque estás mucho tiempo con una persona y luego tienes que seguir con gente completamente distinta.

Sacaron al bebé, Lorca, y se la llevaron a otra habitación, donde creo que la midieron y pesaron. Fue extraño porque estuvo tras unas puertas de acero durante dos o tres minutos y sentimos mucho miedo. Sadie estaba como en una nube por toda la medicación de la operación. En ese primer momento Kay y yo nos miramos y pudimos ver el miedo en nuestros ojos, pensamos que tal vez algo no iba bien con Lorca. Nos asustamos muchísimo. Y entonces abrieron las puertas y la criatura estaba bien, nos dijeron: «Es una niña» y fue un alivio. Pero el suspense fue horrible. Al final pusieron a Lorca con Sadie, pero no fue inmediato. El problema es que Lorca tenía una infección –esa era la razón por la que habían tenido que hacerle una cesárea a Sadie–. Dejaron que Lorca se quedara con Sadie unas horas y se la llevaron a otro hospital a las siete de la mañana (Lorca había nacido a las cuatro). Sadie tuvo que quedarse en el primer hospital, no se la podían llevar al otro en ese momento.

Yo me fui al otro hospital para estar con Lorca, porque la habían ingresado en la Unidad de Cuidados Intensivos. Tuvieron que darle antibióticos. Y siento que, de hecho, en cierto modo, ese fue un momento clave para mí. Entré en el hospital yo sola y fui a reclamarla como hija mía. Ese fue un momento decisivo para mí porque la criatura no era mía biológicamente y, además, Sadie y yo no éramos amantes, así que fue como: «Vale, esto sí que es real, ¿reclamo esto como mío o no?».

En el primer hospital nos dieron la placenta a Kay y a mí. Pero antes de dárnosla, la enfermera nos enseñó las distintas partes y, no sé si tú has visto alguna, ¡pero son enormes!

M: La mía era muy pequeña porque hubo un problema durante el embarazo. Podías sostenerla en una mano.

K: Lorca pesó casi cuatro kilos y medio. Así que el problema fue que era demasiado grande y tenían miedo de que pudiera tener diabetes. Había demasiado azúcar. Primero fui a dejar la placenta en casa de mi amiga Ena, que tiene un congelador muy grande, y luego Ena se volvió conmigo. Y, gracias a las diosas, fue fantástico. Me acompañó al hospital pero no pudo entrar porque solo unx m/padre puede entrar. Esa fue la primera vez en que pensé: «Vale, así que soy unx m/padre». Y me preguntaron: «Entonces, ¿tú eres una co-mamá?». «Sí, pero quiero asegurarme de que también su papá puede entrar». «¿Entonces él es el padre biológico?». Y yo contesté que no, pero que era también co-papá. Tuvimos que explicar todo otra vez para poder entrar, porque solo lxs m/padres tienen acceso a la UCI.

Estaban confundidos pero terminaron aceptándolo. Creo que a mí me trataron bien porque me comunicaba con ellos en alemán y tengo también un apellido alemán, pero no creo que trataran a Kay igual de bien, porque él tiene un acento francés muy marcado y tiene la piel más oscura... Creo que hay mucho racismo en Alemania, en todas las instituciones.

Al final se acostumbraron. Después de un par de días era como «¡aquí vienen los *freaks*!».

M y K: ¡Jajaja!

K: Por suerte, algo más tarde, ese mismo día trasladaron a Sadie al otro hospital. Pero Lorca estaba abajo, en la planta de cuidados intensivos, y Sadie tenía que quedarse en la planta de arriba. Podía amamantarla, pero solo a ciertas horas. Esto es aún más ridículo, pero supongo que por los recortes en el hospital había un número reducido de sillas de ruedas, ¡por lo que a Sadie no podían darle una para bajar cada vez que tenía que darle de mamar!

M: ¿Consiguió darle de mamar a Lorca?

K: Sí, pero fue una verdadera lucha diaria. Llegar allí a la hora era complicado. Si Sadie no llegaba a la hora marcada para dar de mamar, las enfermeras de abajo le decían «vaya, has llegado demasiado tarde, ya le hemos dado un biberón». ¡Fue una mierda!

M: ¿Leche de fórmula?

K: No, dejaron que Sadie se sacara leche. Y conseguir un sacaleches para Sadie no fue NADA fácil. Cada paso era un verdadero reto. ¿Por qué? Debería ser mucho más fácil. Al final nos las llevamos a casa a las dos y vino la mamá de Sadie. Lorca estaba bien, Sadie estaba bien.

M: ¿Vivís todxs juntxs?

K: De hecho no, ya no. Ese primer mes fue muy intenso. Sadie tenía que recuperarse y no quería salir a la calle. No le apetecía nada ir a ningún sitio. Y creo que esos son los momentos, sobre todo al principio, en que las hormonas de la madre pueden ser completamente distintas de las hormonas de su pareja. Yo sentía que quería salir con Lorca a enseñarle el mundo.

M: Pero Sadie no estaba lista y el bebé tampoco. En la mayoría de las culturas, la madre y el bebé deben permanecer juntxs durante cuarenta días creando vínculo, en un lugar seguro, haciendo lo menos posible, simplemente disfrutando, dando de mamar, amándose.

K: Sí, se tomó su tiempo. Y ahí es donde la comunidad entró en juego. Organizamos a la gente para que pudiera traer comida... Y fue genial. No venían a pasar el rato, venían a traer comida y a ayudar en la casa. Nos lo tomamos con mucha calma al principio.

M: Oooooooh. ¡¿Oyes a mi bebé llorando?! Voy a echarle un vistazo (María se va y vuelve). Kate, ya estoy aquí.
K: ¡Oohhh! (Roc aparece en la pantalla de Skype).

M: Estoy bastante ocupada últimamente, con el libro y todo esto y creo que necesita pasar más tiempo conmigo. ¿Te parece bien si se queda aquí con nosotras?
K: Me parece bien, yo hago cosas todo el tiempo estando con Lorca, me la llevo a todas partes porque llevo una vida loca. Ha estado en conciertos, entre bastidores, aquí y allá, en reuniones.

M: Tengo curiosidad por saber cómo llevasteis lo de vivir juntxs, co-criando. ¿Cómo os fue el primer año?
K: Fue difícil. En un momento dado tomamos la difícil decisión de no vivir juntxs. No conozco todas las respuestas ni lo que deparará el futuro. Por mi parte, yo había estado viviendo ocho o nueve años con mi marido. En el último año habíamos estado viviendo en nuestro estudio pero también estaba viviendo con mi novia... Estaba de gira y un tanto dispersa e iba de aquí para allá. Y entonces Sadie y yo nos pusimos a vivir juntas. Así que fue una época muy dura en general. Estaba en un momento de transición muy grande en mi vida y Sadie estaba en una transición muy grande en la suya, y además estaba Lorca como parte de esa transición.

M: Tengo que decir que los primeros meses de tener al bebé en casa son súper exigentes. Necesitas tantísima ayuda que incluso dos o tres personas no son suficientes. Realmente se necesita una gran familia, una comunidad.
K: Yo salgo mucho de gira. Voy cuando tengo que ir. Cuando consigo un trabajo, lo cojo, porque vivo solo de lo que

gano como artista. Esa es la parte negativa. Pero cuando estoy en casa, puedo pasar mucho tiempo. Creo que eso fue difícil para Sadie, la irregularidad.

M: Mi pareja estaba en casa conmigo. Había dejado su trabajo así que estuvo con nosotrxs al 200%, ¡y yo sentía que no era suficiente! Necesitas una comunidad entera que te cuide y te apoye.

K: Me alegro de que digas eso porque me sentí muy culpable. Sentía que no era capaz de darle a Sadie todo lo que ella necesitaba. Y también sentía un conflicto interior, porque por un lado quería pero por otro lado (a) no sentía que estaba en una situación económica como para poder permitirme dejar de trabajar y (b) no quería hacerlo.

M: Pero si hubieses dejado tu trabajo y te hubieses puesto a cuidar de Sadie y de Lorca te habrías sentido saturada. Cuidar del bebé y de la mamá mientras crean vínculos (como cuidar de personas mayores o de familiares enfermos) es un trabajo muy duro que nadie debería hacer en solitario. La comunidad entera debería ocuparse de ello. Una mujer muy sabia en Castellón que dirige una galería de arte llamada Canem me dijo una vez: «El Estado ha destruido el sistema de cuidados comunal de las familias y no ha proporcionado uno a cambio».

K: Nunca había oído decir eso a nadie de esa manera. Y aquello todavía me duele mucho. Lo bueno es que tenemos una comunidad muy buena y que al final tenemos a un montón de gente que está dispuesta a cuidar de Lorca, y eso es maravilloso. Pero costó mucho tiempo. Además Kay estaba allí, pero él es como yo: cuando está, lo está al 200%, pero luego se va y desaparece.

M: ¿Él también es performer?

K: Sí. Y también es trabajador sexual. Además tuvo que viajar a Francia a ocuparse de algunos asuntos legales y médicos relacionados con su transición. De hecho, está allí ahora mismo. Creo que actuó allí ayer, y Sadie está allí con Lorca de visita. Creo que no era suficiente con nosotrxs tres. Con el tiempo fuimos encontrando a gente que podía venir a echarnos una mano y que nos ayudaron un montón.

Luego, Sadie se marchó a EEUU por dos meses y medio, porque su madre tenía muchas ganas de que pasara el invierno en casa, con Lorca, que tenía seis meses. Y creo que eso también fue difícil para nosotrxs como familia de cuatro personas. Mi idea era que quería ayudar a Sadie en tanto que artista. Esa fue una de las razones por las que quería co-criar con ella. Veía a otras familias en las que la madre o el padre tenían que abandonar su vida creativa para criar y yo estaba muy interesada en encontrar la manera de hacer que eso no ocurriera. Pensaba que eso era parte de lo que estábamos haciendo, encontrar el modo de apoyarnos mientras conservábamos nuestra vida creativa.

Cuando Sadie regresó, ella y Kay rompieron su relación romántica. Pero lo bueno fue que estuvieron de acuerdo en que co-criáramos lxs tres y que ello no dependía de que tuvieran o no una relación romántica. Pero claro, complica las cosas. Aunque al fin y al cabo todas las relaciones son complicadas, ya sean de amistad, sexuales o lo que sea. Somos tres personas diferentes, tenemos perspectivas distintas, distintos intereses... Es cuestión de negociar todas esas cosas como familia y de hablarlas en detalle. Diría que, en general, es un reto.

M: ¿Cómo están Juan, tu marido, y Katharina y su bebé? ¿Cómo han ido esas relaciones?

K: Pues, curiosamente, ¡todo fue mucho más fácil de lo que había pensado! Pero creo que fue difícil para Juan porque él no quería tener unx hijx. Su novia se quedó embarazada por accidente pero no quería abortar. Entonces tuvo al bebé y él no quiso formar parte de ello. Pero pensaba: «Mi padre me hizo esto a mí y yo no puedo hacerlo de nuevo». En el caso de Juan, fue muy duro tener que pasar por todo el proceso porque su padre no lo reconoció... Así que decidió romper el ciclo. Al final decidió cerrarlo y decir «vale, voy a estar ahí para el/la niñx aunque no quisiera ser padre», lo cual no es una decisión nada fácil.

Creo que una de las cosas que ayudaron fue que nosotrxs dos le dijimos: «Mira, habíamos hablado de tener una familia alternativa y ahora ha surgido esta cosa loca y deberíamos hacerlo». Creo que le ayudó la idea de que estamos en esto juntxs.

M: O sea, que habéis sido capaces de compartir la crianza.

K: Sí, fue genial porque somos grandes amigxs.

M: ¿Él todavía es tu marido?

K: Sí. Durante nueve años mi marido y yo fuimos pareja primaria en una relación abierta comprometida. A cierto punto hicimos la transición –me convertí en la pareja primaria de mi novia, y mi marido pasó a ser la pareja primaria de su novia. Pero seguimos casadxs y somos compañerxs. Fue una transición grande para nosotrxs. Éramos pareja primaria juntxs, pero pasamos a estar en una relación poliamorosa en lugar de en una relación abierta. La diferencia es que empezamos a conocer otrxs compañerxs con quienes teníamos relaciones personales intensas y que no se trataba solo de sexo sino de amor. Nuestra relación pasó a basarse más en el amor que en el sexo. Yo también tenía una relación de co-crianza con Sadie, y con la pareja de Sadie y también con la novia de Juan... Más personas entraron en juego. Fue difícil. ¡Estuvo bien pero fue difícil! Juan y yo llevamos juntxs diez años, sabíamos que era lo que queríamos, pero nunca esperamos que ocurriera exactamente así. Aunque sabíamos que queríamos una forma de vida poliamorosa.

Algo que me ha sorprendido de forma muy positiva es mi relación con la novia de Juan y con el hijo de Juan. No hay ningún drama. Va bien, es genial. A veces ella cuida de Lorca, porque tienen un espacio de juegos estupendo en su casa, y Lorca y su hijo juegan juntxs también.

M: Genial. ¿Cuánto se llevan los bebés?

K: Trece días.

M: ¿En serio? ¡No sabía que fuera tan mágico! ¡Tienes una familia fantástica! Juan y Katharina y su bebé Bela, tu bebé Lorca, Kay, Sadie... Estáis unidxs de una forma maravillosa, orgánica, mágica. Una familia de verdad.

K: Y también mi novia, Adrienne. Todxs nosotrxs.

M: ¿Cómo lleva tu pareja Adrienne que tú seas papá?

K: Es muy comprensiva y un gran apoyo. Ella nunca ha querido ser madre y sigue sin querer serlo. Creo que era un poco escéptica sobre cómo saldría todo esto. Pero el otro día dijo que ahora ve las cosas de forma distinta, porque entiende mejor lo que es estar con unx niñx. Hace poco Lorca estuvo con nosotras ocho días, Sadie estaba en San Francisco, y fue estupendo porque sentí que a todxs nos encantó.

Sadie y yo hablamos hace poco y ella dijo que Lorca era el centro de su universo. Y yo le contesté que Lorca es una parte muy importante de mi vida pero que no es el centro. Creo que la razón es, en cierto modo, que no tomé parte en la decisión de que Lorca viniera al mundo. No fue como si Sadie y yo decidiéramos, como pareja, tener unx hijx juntas. Fue después de que ella se quedara embarazada. Tal vez existe una cierta distancia porque no estuviéramos en una relación romántica y por no ser el padre biológico. Yo quería ser padre, y quería tener relación con Lorca, pero no puedo decir que tenga la misma perspectiva que tiene la madre natural.

M: ¿Y por qué deberías tenerla? ¿Acaso sería eso necesariamente mejor para Lorca? ¿Necesita Lorca ser el centro del universo de dos personas? ¿No habría entonces un choque de constelaciones?

K: Como co-padre me comprometí a tener una relación con Lorca de por vida. Para mí, eso era lo más importante. No sé si viviremos siempre en el mismo sitio. En ese sentido, al menos por el momento, ya que Sadie y yo hemos decidido no vivir juntas, eso ha cambiado de nuevo la constelación. Entre otras cosas, porque básicamente vivo con mi novia primaria, y además viajamos mucho juntas. Pero ahora mismo pasamos mucho tiempo en el estudio, donde también está Juan. O sea, que ahora mismo estoy más o menos viviendo con mi marido Juan y mi novia Adrienne.

M: ¿Entonces vives en casa de Juan? ¿No, en el estudio? ¿Pero Juan vive allí con Katharina y el bebé?

K: No, Katharina y el bebé viven solas y Juan a veces se queda allí. Sadie se acaba de mudar con otra persona que creo va a ser una figura primaria en la vida de Lorca. Y yo estoy empezando a sentir que va a ser otrx co-p/madre que va a entrar en juego. Sadie y yo no hemos hablado de ello directamente, si van a entrar otrxs m/padres primarixs y en qué momento. Y creo que ese es otro tema importante: hasta qué punto la madre natural tiene la última palabra a la hora de decidir cómo hacer las cosas. Porque creo que, en cierto modo, tanto Kay como yo pensamos que, en última instancia, es Sadie quien tiene la última palabra sobre ciertas cosas.

M: ¿Y cómo te hace sentir eso?

K: Bueno, por un lado, creo que es duro a veces porque me siento como «vale, supongo que te toca decidir a ti (Sadie)...». Pero, por otra parte, creo que eso es bueno, porque hay ciertas cosas que yo quiero decidir para mi propia vida y sobre las que tampoco quiero tener que preguntar a Sadie. Pienso que si empiezo a limitar ciertas cosas que ella decide sobre la vida de Lorca, acabaríamos poniéndonos límites la una a la otra y no quiero que eso suceda.

Yo diría que ahora lo que tenemos es más parecido a un modelo de p/madres divorciadxs. Somos tres p/madres que viven por separado. Creo que, a fin de cuentas, es bueno que tengamos ese dinamismo en nuestra relación, porque es coherente con nuestras constelaciones de p/madres queer, esa capacidad de ser flexibles. Y que todxs nos llevemos bien, porque en algunos modelos de familias divorciadas ni siquiera se hablan.

M: Sí, y esa es la peor parte. Creo que lo más importante es que las relaciones sean buenas, sea cual sea la constelación. Y las vidas que llevamos hoy en día, en que viajamos tanto y conocemos a mucha gente, son así. La p/maternidad debe ser así también. No puedes pretender ser p/madre y al mismo tiempo ser una persona diferente a quien eres y vivir otra vida.

K: Sí, exacto. Yo tengo curiosidad por saber cómo afectará todo esto en la sensación que tenga Lorca de estabilidad y de hogar, en su sensación de tener un hogar. Yo tengo un sentido muy amorfo de lo que es un hogar, porque prácticamente vivo «en la carretera», y creo que si fuese una madre biológica y tuviese a mi hijx conmigo todo el tiempo probablemente tendríamos un sentido similar y seguramente muy amorfo de lo que es un hogar. Incluso

cuando Lorca está conmigo me acompaña a los lugares más raros. Se queda conmigo a veces en mi estudio, a veces en el de mi novia, a veces en mi viejo apartamento, viene conmigo de gira, se queda en un hotel conmigo... Pero Lorca está en una situación en la que, por una parte, tiene una especie de hogar estable con su madre biológica y luego tiene esos otros hogares en los que se queda a veces, entre todos los hogares que Kay y yo ocupamos. Y creo que de momento la cosa va más o menos bien, pero tengo curiosidad por saber cómo será en un futuro. Porque hay gente que me ha dicho, incluso desde la experiencia personal de trabajar con niñxs, que a veces es muy difícil para ellxs pasar la noche en sitios distintos, ir a una escuela un día con una persona, otro día con otra. No estoy diciendo que yo tenga las respuestas, pero creo que es importante ser realista y pensar en ello.
Me encanta viajar y sé que eso va a ser un problema. Supongo que es lo que me dice el instinto, que como Lorca no es mi hija biológica, no es en última instancia solo decisión mía el viajar con ella. Así que no sé hasta qué punto podré viajar con ella.

M: Bueno, ella te lo podrá decir. Quiero decir, desde una edad muy temprana saben lo que quieren y son capaces de expresarlo. Y creo que es muy importante tratar de respetar sus deseos siempre que sea posible.

K: Sí. Tal vez haya ocasiones en las que quiera pasar tiempo conmigo, tal vez llegará un momento en que pase medio año conmigo. No lo sé, no tengo ni idea. Pero hay muchos sentimientos involucrados en ello, incluso mis propios sentimientos sobre ser una madre biológica, o el hecho de que yo tenga alguna vez la oportunidad de ser una madre biológica.

M: Entonces, ¿estás pensando en ser madre biológica ahora?

K: Ahora mismo no, pero lo he querido toda mi vida. Y esa es otra parte de toda la historia. Porque cuando Juan tuvo al bebé con su novia cambió el modo en que yo siempre había pensado en que tendría hijxs con Juan. No fue como «vale, esta posibilidad está cerrada», sino más bien «ah, tal vez la historia no será como yo había pensado que sería».

M: ¿Pensabas que Juan era la persona con quien tener hijxs biológicxs?

K: Sí, eso pensaba. Lo hablamos, pero nunca lo hicimos. Y ahora es de nuevo un punto de interrogación. Antes de casarme con Juan ya era un punto de interrogación. Él decía: «No sé si quiero tener hijxs...». Eso era cuando yo tenía 23 años. Ahora tengo 35 y estuve casada ocho. Quiero tener hijxs, tal vez ser madre biológica, pero no sé con quién... Para mí es una transición muy grande. También creo que, como ahora soy papá de Lorca, tal vez es toda la crianza que realmente quiero. Nunca antes había pensado eso. Ni siquiera me lo había planteado porque estaba en una relación con un hombre que se fue haciendo más queer con el tiempo. Creo que hay más posibilidades de tomar decisiones alternativas sobre la crianza cuando estás en una relación queer –y esto es independiente del género de las personas que forman parte de ella–.

Al mismo tiempo, ahora mismo estoy tan inmersa y abrumada por el hecho de ser padre, con todos los cambios que han ocurrido, que para nada quiero quedarme embarazada ahora, ¡para nada! Nunca hasta ahora había sido reacia a quedarme embarazada, pero este año ha sido demasiado para mí.

Creo que la única cosa de la que no he hablado ha sido sobre mi relación con mi propia familia. Ha sido complicado porque creo que si hubiera estado en una relación lésbica, mi madre tal vez habría estado preparada para tener unx nietx por inseminación artificial o de que yo hubiese sido el padre del/la hijx de mi novia, si ese hubiese sido el caso. Pero como estaba casada con un hombre, creo que mi madre y mi familia pensaron: «Vale, en algún momento vas a tener unx hijx y yo voy a ser abuela porque estás en una relación heterosexual». Aunque mi madre ya sabía que yo era queer y que estaba en una relación abierta y todo eso.

M: ¿Y cómo lo lleva?

K: Pues, sinceramente, ¡lo lleva increíble! Pero me costó muchísimo trabajo hablar con ella de todo esto. Al principio le afectó mucho. Creo que se sintió muy decepcionada con el cambio en mi relación con Juan, decepcionada al enterarse de que posiblemente no me quedaría embarazada en algún tiempo, decepcionada al tratar de comprender: «Vale, vas a ser padre con esa persona que no es tu novia. ¿Qué significa eso? ¿Cómo se supone que tengo que hablar de ello?». No es que estuviera avergonzada ni nada parecido. Simplemente no sabía cómo abordar el tema.

M: Algo así como: «¿Cómo les explico yo todo esto a mis amigxs?».

K: Sí, exactamente.

M: ¿Y cómo lo lleva ahora?

K: Ha sido increíblemente abierta. Vino aquí a visitarnos, conoció a Adrienne, a Juan, a Katharina, a Bela y a Lorca, y pasó algún tiempo con nosotrxs. En general, todo ha ido muy bien, pero ha supuesto mucho trabajo, no solo con ella, sino también con sus hermanas, mis tías, con el resto de personas de la familia, que es enorme. Cuando llega un bebé a una familia todo el mundo está emocionado. Y en mi familia en particular tenemos montones de niñxs, y todo el mundo lxs adora. Aunque realmente creo que la mayoría de mi familia no sabe qué tipo de relación tengo con mis hijxs, y cuando digo «mis hijxs» me refiero al bebé de Juan, Bela, y a Lorca.

A veces pienso que me gustaría poder hablar de todo esto con alguien que tuviera experiencia con familias alternativas, para integrar mejor mi familia de origen con esta otra familia queer elegida.

M: Me encanta que hayamos acabado hablando de tu madre.

K: ¡Sí! He tenido una relación complicada con ella. No siempre hemos estado muy unidas... pienso mucho en ella y en nuestra relación.

M: No creo que todas las familias sean tan normales o normativas... ¡Lo queer simplemente está escondido!

K: ¡Sí! De hecho mi familia es muy abierta y algunas de mis tías son lesbianas y tienen relaciones queer, así que no es tan normativa en ese sentido... Aun así, existe una distancia, y la crianza compartida sigue siendo complicada de explicar. Menos mal que no estoy en una familia en la que me digan: «¡Pues te repudiamos! Haces porno, eres trabajadora sexual, tienes una relación queer, estás criando con alguien a quien ni siquiera hemos conocido... ¡Te repudiamos!».

Poussy Draama

Sexualidad en la infancia
El aborto espontáneo

DEMASIADO FRECUENTEMENTE negamos la sexualidad infantil, a pesar de que forma parte de nosotros desde que nacemos e incluso antes. Todas las criaturas se masturban, porque explorar su cuerpo es parte de su desarrollo. Permitirles desarrollar su sexualidad sin miedo y de forma libre es un reto para todxs. Es el otro lado de la moneda: si reivindicar la maternidad como estadio sexual es uno de los objetivos de este libro, también lo es reivindicar la sexualidad propia y preciosa de nuestras criaturas.

Poussy Draama es una artista francesa cuyo trabajo quiere hablar de sexualidad... directamente a lxs niñxs. Así que lo hace de forma lúdica y divertida en el vídeo *Baby, love your body!* (*¡Bebé, ama tu cuerpo!*) del que es coautora junto con la activista feminista Fannie Sosa.

Su trabajo aborda también otras cuestiones relativas a la autogestión de la salud, como la autogestión del aborto espontáneo, que surge como tema paralelo en nuestra con-

> «Si queremos hablar de manera diferente sobre el embarazo y la maternidad, las personas occidentales tenemos un doble trabajo: (re)conectar con nuestros cuerpos y ser políticamente muy activas».

versación. Incluyo al final de la entrevista la *Guía para el aborto espontáneo (y salvaje)* a la que ella hace referencia en esta entrevista y que publiqué en el 2011. La guía pretende ser una ayuda para cualquier mujer que deseara abortar en casa. En los centros médicos se nos somete a una serie de protocolos que incluyen intervenciones que son innecesarias y que también son violencia obstétrica.

Poussy Draama es artista, activista y narradora alternativa. Vive en Francia entre Marsella y la naturaleza salvaje. La puedes encontrar en Google, en la calle, o en la furgoneta de *The School of No Big Deal* (que se podría traducir como *La escuela del no pasa nada*). Nos conocemos a través de Fannie Sosa, cuya entrevista también forma parte de este libro.

Conversamos a través de las redes sociales entre Francia y Canadá a principios del año 2014.

MARÍA: ¿Cómo surgió la idea de hacer un vídeo para explicarle la sexualidad a la infancia?

POUSSY: Nuestro trabajo se considera como «explícito» y «solo para adultos». Queríamos empezar a trabajar en piezas que sean *también* para las criaturas (y no solo para las criaturas). Porque las amamos. Porque no podemos ignorarlas. Y tal vez porque no podíamos soportar la falta de confianza que tenemos en la infancia y en nosotros mismos cuando nos censuramos (especialmente cuando es censura «inconsciente»). Así que básicamente no queríamos empezar ningún proyecto pedagógico serio/oficial, solo queríamos hacer algo que tuviera el mismo espíritu de nuestro trabajo habitual, salvo que las criaturas menores de doce años puedan verlo sin vergüenza ni secreto.

M: ¿Crees que hay una necesidad de explicar el sexo a las criaturas de una manera divertida y hermosa?

P: Sí, por supuesto. Si actualmente se echa un vistazo general a la educación sexual infantil, aparte de algunas excepciones, todo lo que hay es acerca de la procreación. Así que básicamente lo que se enseña a las criaturas (fuera de su núcleo familiar) es, primero, a procrear y, segundo, cómo evitar la procreación mientras tenemos sexo. Pero casi no tienen espacio para hablar sobre por qué tenemos sexo, qué es (fuera de la procreación) y cuán variado puede ser. No te sorprendas si luego odian sus cuerpos. Estamos en el 2014 y aún decimos a las criaturas que sus cuerpos son máquinas misteriosas que apenas pueden controlar. Si hacemos lo que hacemos, es porque queremos un mundo mejor para las generaciones futuras. Para mí, está claro que no hay futuro para la raza humana, pero sí hay un presente y este presente incluye varias generaciones venideras. Así que antes de que la raza humana muera, tenemos que trabajar duro para contar a estas generaciones que las queremos y minimizar su dolor. Mantener a la gente en la ignorancia y en la oscuridad sobre sus cuerpos y sexualidades es una excelente manera de controlarlos, y solo está causando dolor. DOLOR. Dolor inútil. No me gusta.

M: Tienes un trabajo estupendo sobre feminismo, identidad queer y sexualidad. ¿Crees que la maternidad puede ser un campo para explorar dentro tu trabajo?

P: Nunca imaginé ser madre. Cuando era más joven estaba absolutamente segura de que nunca tendría hijxs, pero aprendí a no decir nunca jamás. Y mi arte está siempre estrechamente relacionado con mi vida y experiencia actual, así que no me parece lícito hablar de la maternidad. Pero me gusta leer, escuchar y aprender de ello. Es muy importante.

Hace dos semanas estuve (conscientemente) embarazada por primera vez en mi vida, a los 27 años. Aborté espontáneamente, en casa, por mí misma. Pude hacerlo porque sabía cómo, principalmente por los textos online

que solía leer –incluyendo la *Guía para un aborto fácil y salvaje* que publicaste tú, María– y utilizando plantas de uso autogestionado. Pero cuando no tienes una madre, mentor, chamán o médico con quien hablar es todo muy experimental. Así que fue muy fuerte para mí, porque tuve que poner en práctica todo lo que preparé o imaginé en caso de embarazo durante todos estos años de investigación feminista. Se convirtió en realidad. Físicamente real. Es lo contrario de ir al hospital y estar bajo anestesia. Es sentir y confiar en ti. Tienes que estar muy segura para hacerlo. No podría haberlo hecho con 19 o 22 años.
Al mismo tiempo, estaba trabajando en un espectáculo donde interpretaba a una especie de doctora a la que yo llamo «sexóloga, bruja y ginecóloga alternativa». Por lo tanto tuve que incluir esta experiencia en mi trabajo. Entonces estaba al mismo tiempo abortando y leyendo sobre ello y preparándome para hablar de ello con mi público. Fue muy intensa tanta simultaneidad. Estaba feliz y orgullosa de la actuación al final, pero me preguntaba: «¿Dónde vivimos? ¿En un mundo donde pobres jóvenes artistas y activistas como yo tienen que experimentar con sus propios cuerpos, a solas, a veces peligrosamente, para enseñar oralmente algo de conocimiento durante actos efímeros?». Es mi trabajo y es lo que me encanta hacer, pero es muy inestable. Fue un trabajo triple: Estaba aprendiendo y enseñaba a mi amante y a mi audiencia ipso facto... Cuando el aborto ¡es uno de los fenómenos más globales y frecuentes!

M: Considero el embarazo, el parto y la lactancia materna como etapas sexuales. Creo que es parte del feminismo acoger la maternidad como el acto placentero que podría llegar a ser.

P: Una vez más, nunca experimenté la maternidad, pero sí, parece un hecho. La fecundación está íntimamente ligada con el orgasmo. En el minuto que me quedé embarazada, lo sentí, simplemente porque estoy conectada tanto con mis ciclos como con mi placer. Unas semanas más tarde, estaba esperando para abortar, pero en algún momento me dije: «¡Vive tu embarazo! Siéntelo y compártelo». Por supuesto sentí náuseas y tuve una micosis vaginal molesta, aunque también me sentí como una súper-yo. Me sentí deseable, deseante y poderosa. Porque no lo consideraba como una enfermedad o un problema y, sobre todo, porque lo estaba teniendo en cuenta en lugar de ignorarlo. A las mujeres que no quieren tener un bebé se les enseña a considerar su embarazo como nada más que un error. Oye, no es un error, es la vida. Venga ya.

Puse una foto mía con una prueba de embarazo positiva en mi mano y una media sonrisa en una red social, y algunas personas me dijeron: «¡Felicidades! ¡Vas a tener un bebé!». Como si el aborto no fuera una opción ya en este punto. Es un buen ejemplo de la hipocresía de la sociedad en la que vivimos.

Lo que fue para mí más impactante en el debate francés sobre reproducción médicamente asistida y paternidad gay-lesbiana era que la paternidad solo se habla en términos morales e intelectuales, cuando es también muy físico. Y súper sexual.

Pero tan pronto como el sistema médico te ayuda, no tienes ya cuerpo (parece que no eres nadie). ¡Adiós, placer; hola, ciencia! ¿Quieres un bebé? Vas a ser observadx y supervisadx por todas partes. Es una manera muy violenta de mantener a la gente lejos de sus cuerpos y de su placer.

Así que si queremos hablar de manera diferente sobre el embarazo y la maternidad, las personas occidentales tenemos un doble trabajo: (re)conectar con nuestros cuerpos y ser políticamente muy activas, ya que la maternidad está ligada a la noción de «familia» clásica en las narrativas dominantes. No podemos ser pasivas al respecto.

No hay una sola manera de concebir la maternidad en feminismo. No hay un feminismo monolítico. Se está moviendo, está creciendo, está cambiando, es nosotras. Nosotras hacemos el feminismo.

Guía para el aborto espontáneo (y salvaje)

Por María Llopis

(Publicado en mariallopis.com, 2011)

1.-Definición de términos. ¿Qué es un aborto espontáneo?

Un aborto espontáneo o aborto natural es la pérdida de un embrión por causas no provocadas intencionadamente. Se distingue pues de un aborto inducido. El término se puede aplicar solo cuando la pérdida se produce antes de la semana 20 del embarazo; a partir de ese momento se denominará parto prematuro.

2.- Antes de abortar.

Las causas de los abortos espontáneos son un misterio para la medicina occidental y no hay nada que un médico pueda hacer para impedirlos. Si intentan recetarte progesterona, recházala. No hay pruebas de eficacidad y solo conseguirán ponerte de un humor depresivo y suicida.

Si te prohíben tener relaciones sexuales, desconfía. Se suele desaconsejar el sexo cuando hay amenaza de aborto (como pérdidas de sangre) pero no existe evidencia científica de que el sexo provoque el aborto. Lo que sí puede suceder es que empieces a abortar después de tener relaciones sexuales. Pero las relaciones no son la causa, simplemente estimulan un proceso que YA ha empezado en tu interior. Es como cuando te viene la regla después de follar. No te viene la regla porque folles, te viene porque no te has quedado embarazada. Que no te confundan. Algunos ginecólogos tienen vocación de curas.

3.- No vayas a un centro médico.

Si te has hecho una ecografía y ya no hay latido (es decir, el embrión ha muerto) vas a sufrir un aborto. Es solo cuestión de tiempo. Tienes que tener paciencia porque la cosa se puede demorar semanas. Prepara tu cuerpo y despídete. Cada caso es distinto. Cuando comience te darás cuenta, empezarás a sangrar y a sufrir calambres. No vayas a un centro médico porque hay muchas posibilidades de que te hagan una intervención muy agresiva y en absoluto necesaria.

Abortar es doloroso y difícil. Es mucho más cómodo hacerlo en la intimidad de tu casa o en un lugar familiar que en un hospital rodeado de extraños. Tú sola puedes hacerlo, solo necesitas la ayuda de un buen amigo. A ser posible, amigos.

Yo personalmente recomiendo la playa (nudista y desértica, para evitar indeseado público), o la montaña. Vas a sentir la necesidad de ponerte en cuclillas y de empujar. Hazlo. Obviamente hacer esto en el salón de tu casa no es muy práctico, ya que vas a dejar el mobiliario hecho un cristo con la sangre. De ahí que sea infinitamente más práctico hacerlo en la naturaleza, donde el agua del mar y la tierra van a ayudarte a limpiar y absorber el flujo. Pero claro, la temperatura tiene que acompañar. Si hace frío no va a ser muy buena idea, porque el frío hace que los calambres se intensifiquen y sean más dolorosos.

Pero si es verano, hace calorcito y tienes una playa o el monte cerca, no lo dudes. Pídele a tus amigos o a tu pareja que te suban al coche y que te lleven a la naturaleza. Lo único que necesitas es algún medicamento para el dolor.

Si a pesar de mis recomendaciones para un aborto natural y salvaje has decidido que la naturaleza no es lo tuyo y prefieres quedarte en casa, mi recomendación (y la de muchos manuales) es quedarte sentada en el wc cómodamente. Vas a sangrar tanto que no tiene sentido andar poniéndote compresas, vistiéndote y desvistiéndote. Y lo vas a dejar todo perdido de sangre.

Uno de los principales inconvenientes de esta opción es que te va a resultar difícil inspeccionar los tejidos expulsados. Y este paso es muy importante, ya que además de todo el tejido de sangre, vas a expulsar lo que se llama el saco gestacional, que será más o menos grande dependiendo del tiempo de gestación. Tienes que expulsarlo, así que asegúrate de que sale. Cuando lo tengas puedes enterrarlo en la tierra, arrojarlo al mar o realizar cualquier tipo de ritual de despedida.

4.- Ecografía final para asegurarse de que todo ha ido salvajemente bien.

Una vez ha finalizado el aborto, debes acudir a un ginecólogo para que te haga una ecografía. Así estás segura de que el aborto se ha completado de forma satisfactoria y de que no queda tejido en el útero. Espera un poco, porque el proceso puede durar hasta diez días. Es una visita ginecológica rutinaria. Genera una ligera frustración en el ginecólogo, ya que con este tipo de visitas se toma plena consciencia de que lo que nos interesa es el cacharro para hacer la ecografía. Fíjate bien en ellas, las ecografías son relativamente fáciles de leer. En este caso el útero debe aparecer liso y hermoso, con una línea fina que es la zona donde estaba implantado el saco gestacional.

5.- No te quedes sola.

Asegúrate de tener ayuda durante una semana como mínimo. Alguien que te cocine, que te prepare bebidas calientes, que vaya a por medicamentos para el dolor, que te coja la mano cuando sientas calambres y que te apoye psicológicamente. Si te quedas sola vas a sufrir muchísimo. Piensa que no vas a poder ni andar a causa de los fuertes dolores.

Cancela citas de trabajo y personales en la medida de lo posible. Durante las siguientes semanas vas a encontrarte muy mal. No emprendas cambios de país, de trabajo o de residencia. Vas sentirte muy cansada y triste. Póntelo fácil. Y no te quedes sola. Las semanas después de abortar son como un bajón de pastilla eterno. Crees volverte loca. Si te quedas sola, lo harás. Si te mantienes rodeada de cariño y de amigos, no.

6.- No te culpes.

La ciencia médica occidental desconoce las causas que motivan los abortos espontáneos. Solo se barajan hipótesis: anormalidades cromosómicas y misterios varios. Así que no te culpes.

La conclusión de uno de los libros más respetados sobre la materia, escrito por la directora del centro de aborto recurrente del hospital St Mary´s de Londres, es que hay más posibilidades de que el embarazo siga adelante si la mujer se siente querida y cuidada. Años y años de investigación y estudio en la materia por parte de los mejores profesionales del mundo para llegar a esta conclusión: Lo que necesita una mujer embarazada para poder llevar a cabo su embarazo es *tender, loving, care* (cuidado, cariño y amor). Así de simple.

El libro en cuestión se llama *Miscarriage: what every woman needs to know*, de Lesley Regan, y no encuentro traducción del inglés al castellano. Es un libro muy recomendable.

Las cifras de abortos espontáneos son altísimas. De hecho, es la complicación más común del embarazo. Por lo visto uno de cada cinco embarazos termina en aborto espontáneo. Incluso más. Sin embargo, es un tema muy poco hablado y de alguna forma esta sociedad lo considera tabú. La costumbre de no hacer público un embarazo hasta el cuarto mes se debe precisamente a las altas posibilidades de abortar en los tres primeros meses. Solo cuando tú haces público tu aborto, empiezan las mujeres a hablar de ello. Madres que nunca confesaron a sus hijos haber sufrido abortos previos, vecinas, colegas, tías, primas desvelan sus abortos cuando tú haces público el tuyo. Habla.

7.- Fíate de tu instinto.

Es lo único que tenemos, nuestro instinto. La ciencia médica intentará convencerte de que tú no sabes nada, de que es imposible sentir la muerte del embrión en tu útero, o el momento en el que te quedas embarazada. Ni caso. Si te escuchas un poquito, puedes ser consciente de todo. Lo más difícil será no hacerle caso a las barbaridades que te van a decir los ginecólogos, amantes, amigos y vecinos. Todo el mundo va a decirte muchas cosas, y lo que es peor, se te va a juzgar y condenar por no seguir las reglas del juego patriarcal.

Hace mucho tiempo, en tiempos de brujas y matriarcado, las mujeres sabían mucho más sobre sus cuerpos y sus vidas. Sabían escucharse a sí mismas y eran respetadas en las decisiones que concernían a sus cuerpos y a sus criaturas. Hoy en día una mujer que no quiere acatar las órdenes de un sistema médico incongruente es atacada e insultada.

En el hospital de St Mary´s, en Londres, en la unidad de abortos recurrentes, pregunté cuál era el protocolo a seguir ante un aborto espontáneo. La ginecóloga me contesto que en cada caso se procedía según el deseo de la mujer. Que cada mujer tenía unas necesidades distintas. Me sorprendió sobremanera la lógica de esta respuesta. Les aseguro que esta no es la actitud general del sistema médico en España. Creo que el hospital de St Mary´s es un buen hospital.

Sigue tu instinto y exige que los médicos, amigos y familiares respeten tus necesidades.

Esta guía pretende facilitar un proceso relativamente sencillo, para así librarnos de prácticas médicas innecesarias, dolorosas y de probada ineficacia. Como dijo la ginecóloga del St Mary´s, que cada mujer aborte como quiera.

Pabla Pérez
Margarita Marina Silva Ávila

Partería tradicional
Ginecología natural

LAS MUJERES HEMOS PODIDO CONTAR SIEMPRE con la ayuda de otras mujeres, más sabias, más experimentadas, para que nos aconsejaran con temas de salud sexual y reproductiva, de crianza, etc. La figura de la doula y la partera han existido siempre. La palabra *midwife* viene del inglés antiguo y quiere decir «con mujer». En francés se dice *sage femme,* que quiere decir mujer sabia, y también es un término ancestral. En danés se dice *jordmor,* que significa madre tierra. Y madre de luz en Islandia: *ljosmodir.* La madre de Sócrates, Phaenarete, era partera. Y en América Latina siempre han existido las parteras tradicionales.

> «Parir es un acto de sanación, es un momento de gran cura, en el que podemos conectarnos con la vida y con todas las vidas de los úteros que tuvieron que existir para tenernos aquí, conectarnos con todas las mujeres que tuvieron que parir a lo largo de la historia que nos antecede, con nuestras ancestras y con la historia que se repite una y otra vez. El parto es el inicio de una nueva historia.
> El parto es el momento en que se materializa el espíritu del Ser que vamos a parir».

Pabla Pérez San Martín está llevando a cabo un proyecto que se llama *Ginecosofía* en el que estudia la sexualidad y la salud de la mujer, enfocándose en rescatar la sabiduría antigua de nuestras abuelas y en despertar el poder del autoconocimiento. Nos descubre la partería tradicional en Sudamérica. Me descubre el misterio de los niños que nacen dentro del saco amniótico, como mi hijo Roc.

Pabla es investigadora en el área de salud tradicional, feminista libertaria y madre de dos criaturas. Nacida en Chile, cursa estudios en Brasil como partera tradicional desde el 2012. Es la autora de los libros *Manual introductorio a la ginecología natural* y *Del cuerpo a las raíces*. El manual es un referente para quienes luchan contra los miedos y hormonas que nos intenta meter (¡y vender!) la medicina convencional. *Del cuerpo a las raíces* es una guía práctica para el conocimiento de las plantas medicinales y un libro sobre la autogestión de nuestra salud. También realiza talleres educativos sobre ginecología natural y prácticas de autogestión de la salud.

Conozco el trabajo de Pabla desde hace años, desde que me escribió proponiéndome un trueque de libros. Nos enviamos nuestros libros a un lado y otro del océano en un intercambio de saberes prodigioso.

Responde a mis preguntas por correo electrónico a principios de 2015 desde su pueblo, Putaendo, en Chile.

MARÍA: Me gustaría que te presentases, que me hablases de cómo empezó todo y de tus proyectos actuales.

PABLA: Nací hace 27 años en el valle del Marga-Marga, en Chile. Me crié en el campo con mi abuela paterna. Ella me enseñó mucho sobre la naturaleza y las plantas medicinales y comestibles. Siendo más grande, estudié un tiempo Sociología, carrera que no terminé porque quise dedicarme a aprender a mi propio ritmo y andar, y claro, conocer a la gente y sus diversas culturas en su cotidiano y no a partir de teorías o estadísticas. Así fue que me dediqué a viajar desde muy joven y a rescatar los saberes ancestrales de mujeres en Sudamérica, principalmente la sabiduría de las mujeres rurales e indígenas. Acá hay muchas culturas ancestrales que aún se mantienen vigentes. Así fui mezclando lo que aprendí sobre metodología de investigación con mi militancia feminista en la lucha social por la salud igualitaria para las mujeres, espacio que permanece en manos del hombre, como categoría heteropatriarcal. Nuestra salud se establece en base al molde de un varón, se especula en sus manos y se maltrata y manipula, sin el menor respeto, en todos nuestros procesos sexuales...

Trabajo investigando el uso de hierbas medicinales para la salud sexual de las mujeres y, al mismo tiempo, me desarrollo como madre y partera tradicional, labor que explicaré más abajo.

Además de la publicación de mis dos libros, *Manual introductorio a la ginecología natural* y *Del cuerpo a las raíces*, mi trabajo como investigadora se desarrolla en el marco del proyecto que he creado, llamado *Ginecosofía*, sobre estudios para la sexualidad y salud de la mujer, enfocado a rescatar la sabiduría más antigua de nuestras abuelas y a despertar el poder del autoconocimiento a partir de nuestra memoria ancestral.

M: Quisiera que me hablases de las parteras tradicionales, de cómo esa sabiduría nada tiene que ver con la institución médica patriarcal, y de cómo es necesario valorar y empoderar su saber.

P: La partera tradicional (PT) es quien históricamente ha acompañado a la mujer a parir. Fueron las primeras obstetras de la humanidad (aunque hoy en día son labores muy diferentes). En gran parte del planeta, las PT siguen asistiendo y acompañando a las mujeres durante su gestación, parto y lactancia. Esta es una mujer con conocimientos ancestrales sobre la vasta y misteriosa sexualidad de la mujer: remedios, maniobras, hierbas, dieta, etc.

Según la Organización Mundial de la Salud, una PT es la persona que asiste a la madre durante el parto y ha adquirido sus conocimientos iniciales de partería por sí misma o por aprendizaje con otras parteras tradicionales. Este conocimiento la conduce a ser reconocida como una óptima agente de salud, que asesora, asiste y acompaña todo el proceso de gestación (prenatal), el parto y el posparto.

La experiencia del parto acompañado y atendido por una PT no es algo nuevo en la historia de la humanidad, ni algo exclusivo de ciertos países. No hace muchas generaciones atrás las personas nacían –y siguen naciendo– acompañadas por parteras tradicionales.

Hoy día, con el gran avance de la tecnología médica patriarcal, el saber y el espacio de este oficio han sido despojados por la medicina alópata. Hoy, mayoritariamente, es el hombre quien se ocupa de aquellos saberes encapsulados en una especialidad médica llamada «ginecología» [ciencia de la mujer].

Un oficio similar al de PT es la labor de las obstétricas o matronas, especialistas en salud sexual y/o reproductiva, en el ámbito médico. Sin embargo, el paradigma académico desde el que adquieren su saber es la base del mismo sistema médico-patriarcal: invasivo, intervencionista, patológico, poco amable, etc. Esta profesión es la que más se asemeja a la de una PT, pero cómo se aprende y maneja la labor proviene de escuelas muy diferentes.

Reivindicamos el nombre de «partera tradicional» para hacer la distinción entre saberes adquiridos desde la tradición y no desde la institución médica patriarcal, como un oficio ancestral que trabaja con el sagrado femenino, ligado a los saberes cíclicos de la naturaleza. Nosotras hemos aprendido a partir de la tradición oral, a partir de la observación, a sentir y reconectarnos con nuestra gran Madre Tierra. Nosotras hemos aprendido de las abuelas, parteras expertas. Cada una sigue la tradición de una mujer sabia con experiencia y así se va transmitiendo y aprendiendo el oficio.

En Sudamérica existen muchísimas PT en los poblados rurales y en zonas indígenas. La PT es la máxima autoridad en salud. Ella, al mismo tiempo, siempre está ligada a un trabajo espiritual: rezar, limpiar, trabajar con la energía y sabiduría del/la bebé que está en el útero. Ella puede leer, sin maquinaria tecnológica, la salud de una mujer a partir de su iris, de sus manos, sus uñas, su orina, su lengua, etc. Puede detectar con la palpación de sus manos la posición del bebé, sus latidos, su crecimiento, y entrar en contacto con su alma.

Las PT son agentes de salud importantes en todas las comunidades aisladas de América. Ellas son quienes protegen y salvan la vida de muchas mujeres y niñxs en casos de riesgo.

Con la intención de sobremedicalizar la salud de mujeres y niñxs y de desmerecer la sabiduría de las PT, se ha dicho que el oficio necesita ser desplazado para controlar la salud con mayor eficacia. Por eso, en muchas zonas a las PT se les prohíbe su oficio, se les margina, se les amenaza, se hace una «caza de brujas». Sin embargo, las tasas de mortalidad materno-infantil en un parto atendido por una PT son imposibles de comparar con las de un hospital. Son los centros médicos los que tienen una mortalidad y una tasa de cesáreas mucho más altas.

«Nunca las parteras hemos sido las responsables de la mortalidad materno-infantil. Es la falta de comida, es la falta de agua, es la explotación a la tierra, la expropiación de la gente de sus territorios; es la pobreza, de la cual no se hacen cargo los sistemas económicos mundiales, lo que provoca la muerte, son sus incapacidades las que matan a las personas. Las parteras, antes que todo, lo único que hemos hecho es salvar vidas y acompañar procesos naturales de manera respetuosa», comenta Suely Carvalho, mi maestra y quien me guía principalmente en este oficio.

M: ¿Puedes hablarme del trabajo de Suely Carvalho?

P: Comencé acompañando partos en casa antes de conocerla, solo a partir de mi intuición y de las experiencias que adquirí con parteras tradicionales que conocí en mis viajes por Sudamérica. Sin embargo, en ese tiempo me sentía insegura y un tanto perdida. Fue entonces que un día me llegó a mí una curiosa invitación de Alice R., una aprendiz de Suely, desde Brasil. Me decía que su maestra quería conocerme e invitarme a su grupo de escuela y aprendices, que había conocido mis libros y que me había reconocido en este camino, que si no tenía dinero para viajar a Brasil cada dos o tres meses, ella me becaría para hacerlo... Esa fue toda la información que recibí. Y confié plenamente y llegué hasta allá.

Suely lleva cuarenta años siendo PT, viene de una familia de tradición de parteras, su bisabuela, sus abuelas, sus hijas y hasta sus nietas ahora siguen su oficio. Ha atendido más de cinco mil partos en casa. Y su experiencia es interminable. Es vicepresidenta de ALAPAR (Alianza Latino Americana de Parteras) y milita para que el oficio no muera. Todas sus enseñanzas son entregadas a aprendices que ella elige minuciosamente. La escuela con ella nunca acaba. Entre las aprendices de diversas partes del mundo compartimos experiencias y nos actualizamos y acompañamos en la distancia en cada parto. De ella me gustaría hablarte más, pero creo que sería más increíble que saliera todo de su propia voz.

Sí me gustaría comentarte algo que puede ayudarte en tu investigación sobre la interpretación que tiene mi maestra de los partos de niñxs que nacen dentro de la bolsa de las aguas.

M: ¡Como mi criatura!

P: Bueno, nunca las PT rompemos la bolsa durante el trabajo de parto o parto; es una práctica que realizan los/as doctores/as para acelerar el proceso... Es un acto irrespetuoso en nuestra visión, así como tantas otras prácticas rutinarias en las clínicas y hospitales, pues todos los misterios de la vida se guardan en las aguas. El agua es muy necesaria para el mantenimiento de la salud del/la niñx en su vida intrauterina. Cuando un/a niñx nace dentro de la bolsa de las aguas es cuando trae una misión de espiritualidad fuerte. Trae su propio mundo, el llamado «mundo de los misterios». Una vez afuera, recién abrimos la bolsa, se respeta la manera en que el/la bebé decidió nacer. Luego, se orienta a los padres y/o madres, se les realiza un oráculo de nacimiento para saber cuáles serán las facilidades y desafíos del/la niñx.

A los tres años de edad, cuando el/la niñx comience a usar el razonamiento, cuando comience a utilizar el lenguaje, no habrá que asustarse con cosas extrañas que puede manifestar o comentar, porque a partir de su forma de nacer, será un/a niñx distintx, podrá adivinar sucesos o hablar de situaciones inexplicables para niñxs de su edad. Luego, a los siete años, el/la niñx puede pasar por una grave enfermedad (pero no morirá); solo será una transición de una fase a otra, una maduración de su espíritu. A los catorce años, puede comenzar a manifestar su fuerte espiritualidad, comúnmente la sociedad puede tratarlo como «diferente», «locx», «esquizofrenicx», etc., porque no entienden que es un Ser con facilidad de visión, que tiene una potencialidad para eso. Y ante esto, necesitará ser guiadx y comprendidx, y no ser enviadx a un psicólogo o psiquiatra para «normalizarlx».

Para las PT, un/a niñx que nace de esta manera trae misterios y mensajes, es un Ser con muchas capacidades para el trabajo espiritual, así como para convertirse en un/a posible maestrx. Por eso, habrá que cuidarlxs, guiarlxs y entenderlxs en su camino y sus necesidades.

M: Me interesa mucho la visión de la maternidad y de sus estadios como, por ejemplo, el parto como ritual, el trabajo chamánico como espacio sagrado de transformación. ¿Puedes hablarme de este tema?

P: Traer un hijx al mundo es un proceso fantástico cuando se vive de manera consciente, deseada, amorosa y contenida. Durante el proceso de gestación, todo nuestro Ser físico y espiritual se prepara para dar la bienvenida a este nuevo integrante. La placenta, naturalmente, cubre todas las necesidades del/la bebé, mientras el útero lx sostiene y anida. El cuerpo de la mujer es la cuna de todas las vibraciones del ser que adentro amparamos. Nos vamos transformando juntxs, creciendo paso a paso hasta el momento de maduración, para parirnos (con certeza, después de vivir un parto, el cuerpo de la mujer y sus sensaciones y sexualidad son otras; realmente es una metamorfosis. Por eso digo «parirnos»).

El/la bebé sabe, en su conciencia ancestral, todo el camino que debe recorrer y cómo actuar para ese momento. También sabe detener su corazón cuando el camino no es propicio, así como dar reclamo y alertas cuando el proceso está siendo alterado. Por eso ocurren los abortos espontáneos.

La gestación es un periodo exclusivamente de gozo. Nuestro cuerpo sexual se siente en expansión orgásmica, plenamente vigoroso, sensual, abundante y extremadamente perceptivo. Es un bello momento para sentirnos UNA con la naturaleza que nos abriga, oxigena, alimenta y sostiene. Al mismo tiempo somos nosotras mismas con nuestrx hijx.

Por otro lado, parir es un acto de sanación, es un momento de gran cura, en el que podemos conectarnos con la vida y con todas las vidas de los úteros que tuvieron que existir para tenernos aquí, conectarnos con todas las mujeres que tuvieron que parir a lo largo de la historia que nos antecede, con nuestras ancestras y con la historia que se repite una y otra vez. El parto es el inicio de una nueva historia. El parto es el momento en que se materializa el espíritu del Ser que vamos a parir. Y por eso, antes de ocurrir el «expulsivo» (la salida del/la bebé), la mujer vive todo un «trabajo» energético y espiritual poderosísimo. Es una transmutación de oruga a mariposa, en la que el cerebro primitivo se apodera de nosotras, volcándonos fieras y bestias en explosión. El «trabajo de parto», si lo permitimos, puede ser lo mismo que vivir una experiencia alucinógena con alguna planta de poder. Solo es asunto de disolver traumas y, sobre todo, el miedo cultural. Y, por supuesto, rodearse de un equipo asesor que en ese momento nos brinde confianza, amor y libertad para entregarnos ante ese misterio que es parirnos.

La vida en sí misma está llena de rituales. El parto en sí, si se desenvuelve de manera natural, es un trance y un ritual fantástico. No precisa ser un espectáculo o un teatro para ser vivido natural y plenamente. Hoy el mercado del capitalismo verde nos hace creer que parir en una piscina o con delfines es la máxima aspiración de un parto natural... Como PT te podría hablar de miles de rituales que realizamos en los trabajos de parto, pero creo que cada uno de ellos es aplicado a cada contexto de vida, para cada mujer y para cada familia. Y hablar de ellos fuera de contexto es vender un momento sagrado, que no merece desvalorizarse, pero sí puedo comentar lo que a mí me parece fundamental como PT: trabajar con las mujeres y familias para hacer del trabajo de parto y el parto un momento de re-nacimiento y sanación.

Así, para mí, la conexión con nuestrx bebé y con nuestrxs ancestrxs es la base para un buen camino. Sanar las heridas de nuestras historias de vida, sanar nuestras relaciones tormentosas, nuestra infancia de abandono o maltratos. Sanar y conectar con lo que somos y deseamos puede abrirnos el corazón y el espíritu para dibujar un mejor camino para nuestra ventana hacia la maternidad.

M: Quisiera saber cómo ha aportado tu lucha política a tu vivencia de la maternidad y viceversa.

P: Como gran parte de la gente contemporánea de mi país, nací en dictadura militar. Los tiempos de mi infancia fueron difíciles para todos, menos para los ricos, obvio.

Crecí con bastante desilusión por la política y a medida que me convertí en adolescente, me familiaricé con las ideas libertarias. De ellas tengo gran parte de mi base política. Siendo estudiante universitaria, me hice militante «feminista libertaria» y desde entonces comencé a tener una visión diferente hacia la maternidad. Comencé por entender mi propio proceso de hija y de la relación con mi madre, quien es mi referente y mi origen. Aunque aquella relación/base se rompió desde muy temprano debido a que mi madre se separó de mi padre y abandonó el hogar, dejando cinco hijxs pequeñxs. Todo ese proceso y quiebre me ha llevado a analizar aquel rol en la sociedad, un rol tremendo que veo muy desvalorizado y poco cuidado.

El análisis político y social de lo que es «ser mujer y madre» me hicieron entender las decisiones de la mía, y su coraje para tomar otro camino. Su maternidad fue muy ruda. A los 23 años ya tenía cinco hijos, y un marido *trabajólico* que la engañaba. Ella vivía sumergida en la pobreza y no era feliz... Me costó entender su decisión porque, como es natural en una niña, necesitaba su amor y su presencia en mi vida. Mi experiencia política como feminista y como madre me ha hecho ver su proceso con mayor empatía y amor. ¿Quién puede con cinco hijxs sin el apoyo social, económico y amoroso necesario? Ella, como mujer, no existía, no sabía lo que era dormir desde los quince años... Nos amamantó a todos con mucha entrega, a mí hasta los tres años. Ella se entregó durante diez años y luego no pudo más de abnegación... Entender, solidarizar y abrazar su contexto, como el de muchas mujeres, es parte de mi trabajo: visibilizar la maternidad como un pilar fundamental de transformación en la sociedad, rol que debe ser cuidado y contenido, aceptado en sus diversas manifestaciones, más allá de la norma heteropatriarcal, asumir tanto la luz como la oscuridad de la maternidad para liberarnos de tantas culpas y entender que es natural cometer errores, es natural parir con orgasmos, excitarse amamantando, en ocasiones solo querer estar con nuestros hijos, como también a veces no querer estar con ellos, pedir espacios, etc.

Mi rol también es mostrar que la maternidad no es asunto fácil, que nos caemos todo el tiempo, porque la maternidad se hace aprendiendo. Y más aún para mujeres que no cuentan con el apoyo suficiente, que se necesita de todo el amor y contención humana para hacerlo plenamente.

Como madre y feminista libertaria, creo que se hace fundamental abrir círculos de apoyo, de visibilidad de nuestro rol. Que la sociedad entienda y vea cuánto estamos entregando y cuánto necesitamos que nos entreguen para crear la salud, emoción y vitalidad de un nuevo Ser.

Muchas veces es un castigo fatal para la propia madre equivocarse... Como si no fuera parte del aprendizaje y crecimiento, como si la mujer-madre pasara a convertirse solo en una categoría social, sin ver a la mujer que hay detrás, la que vive, siente, se cansa, siente placer, etc., con derecho al error y a remendarlo.

Creo que a las madres nos falta mucho decir lo que nos sucede. Solemos escondernos y no explayarnos tanto cuanto necesitamos. Asimismo, también veo que nos faltan espacios, medios que nos restamos y nos restan del movimiento feminista, porque, claro, su lucha está últimamente más enfocada a la despenalización del aborto que a un diálogo integral de todas las aristas de la vasta sexualidad de nosotras mismas. Para mí una lucha muy necesaria, pero que de alguna manera extraña se cruza o contrapone a la maternidad elegida, cuando no debiera ser de esa forma y debieran complementarse como derechos paralelos y necesarios, llenos de aristas y carencias a resolver entre todxs.

Karmen Tep

Klau Kinki

Maternidad transhackfeminista
Orígenes de la ginecología

NECESITÁBAMOS QUE EL PUNK llegase a la ginecología: La maternidad transhackfeminsta aúna fuerzas entre la ecología, los hackers de cuerpos y máquinas, el DIY-DIWO (Do It Yourself, Do It With Others – No Ecology Without Social Ecology) y la lucha punk anticapitalista.

Klau Kinky aboga por la autonomía del conocimiento de nuestros cuerpos y lucha contra la violencia obstétrica. Su trabajo desvela también los orígenes ocultos de la obstetricia, la ginecología y la uroginecología.

Klau es una perra sudaka, tecnobruja, cacharrera, hacker de máquinas y cuerpos, noisex. Habita en Calafou, una colonia ecoindustrial postcapitalista en Vallbona d'Anoia. Sus

> «La maternidad trashackfeminista es una
> maternidad subversiva, sexual y combativa,
> que se planta frente a la violencia médico obstétrica,
> repudia y denuncia la esterilización forzada,
> que colectiviza el conocimiento, las prácticas,
> los procesos del cuerpo, que genera narrativas
> particulares a modo de *how to*, herramientas de
> decodificación colectiva, que apoya el aborto
> y el parto libres y seguros».

proyectos recientes son PechblendaLab, AnarchaGLAND y GYNEpunk.

Hemos compartido proyectos, amigos, sueños y deseos en la escena postporno y transfeminista barcelonesa durante los últimos años. Es un placer re-encontrarme con ella en este punto de nuestras vidas, cuando nuestro trabajo confluye –¡otra vez!– en nuestros coños.

De hecho, tengo la suerte de poder coincidir con ella en su gira por la península en el mes de abril de 2015, junto con Karmen Tep y Diana Pornoterrorista. Están presentando el proyecto *Anarcha Gland GynePunk* y el libro de Diana, *Coño potens*. Las alojo en mi humilde morada en Benicàssim, mientras mi hijo Roc alucina con sus cadenas y sus crestas, y yo me empapo de su sabiduría:

MARÍA: La maternidad subversiva es para mí mucho más que maternidad biológica.

KLAU: Personalmente, la reproducción y la maternidad no son para mí; mi óptica de investigación está mayormente enfocada en la contracepción, el aborto, técnicas de extracción menstrual, etc. Además de recuperar la memoria histórica velada alrededor de la obstetricia, ginecología y uroginecología. Las comprendo como totalmente complementarias.

M: Yo también las entiendo como complementarias. La maternidad es también aborto y contracepción. Se trata de empoderar nuestros úteros, independientemente de si queremos ser biomadres o no.

K: Ambas necesitan, muchas veces, las mismas infraestructuras humanas y tecnológicas (conocimiento uterino, hormonal, herramientas de diagnosis de fluidos, ultrasonido, cánulas, endoscopios u otros aparatos). Ahora el conocimiento adquirido y las prácticas desarrolladas fuera de las clínicas u hospitales muchas veces siguen ligadas

dependientemente a las infraestructuras físicas y tecnológicas de la ginecología institucional hegemónica, y esto ha de subvertirse a toda costa. Creo con furia que la salud autogestionada, colectiva y horizontal ha de radicalizarse in crescendo y estratégicamente. Tú lo estás haciendo.
Y aquí se asoma mi gusanito de curiosidad y me pregunto, por ejemplo, en tu caso, ¿qué nivel de dependencia tuviste en las diferentes etapas de tu embarazo de las tecnologías médicas? ¿Médicx OB/GYN institucional? ¿Ecografía de hospital? ¿Medición hormonal? ¿ADN? ¿PAP?

M: Tenemos que pelear para no ser víctimas de un sinfín de pruebas que se llaman diagnóstico prenatal y deberían más bien llamarse tortura psicológica a la preñada. Yo al principio caí, tal vez por miedo a las pérdidas que había tenido, en la espiral del horror. A los tres meses de embarazo me hicieron el test estadístico llamado *triple screening.* Me salió un riesgo muy alto de síndrome de Down, así que me propusieron hacer la amniocentesis. Me negué en rotundo ya que tiene un riesgo aproximado de 1% de pérdidas y conozco personalmente más de un caso. De todas maneras, también te tienes que plantear si realmente querrías abortar en caso de síndrome de Down. Pero todo es muy confuso, así que acabé haciéndome las dos pruebas alternativas a la amniocentesis y que son no invasivas: un análisis del ADN fetal en sangre y la ecografía morfológica. En la prueba de ADN me dijeron que el bebé no tenía ninguna anomalía cromosómica, y que era un niño porque tenía los cromosomas XY. Pero esta información es engañosa porque la identidad sexual no depende de la realidad cromosómica.
La verdad es que yo lo pasé tan mal durante los primeros meses de embarazo por el mal-trato recibido por parte de la institución médica que, a partir del cuarto o quinto mes de gestación, ya no fui a controles, evitaba las

ecografías y pasaba de todo lo que la tecnología médica tuviera que ofrecerme. Yo sentí que eso era lo más seguro que podía hacer por mí y mi criatura. Es muy importante dejarte guiar por tu instinto durante el embarazo.

K: Te lo pregunto porque las HI-TECHlogias de los laboratorios «serios» y restringidos para estos exámenes son sistemas más sencillos de lo que parecen. En el fondo es una dependencia inducida a ciertas tecnologías que se presentan como exclusivas, complejas, costosas, inalcanzables e inaccesibles. Gracias al tiempo que he dedicado a la experimentación en comunidades de biohacking y biopunks, he confirmado algo que ya imaginaba pero no podía ver, debido a que no tengo formación científica previa. Se puede aprender si el bicho de la curiosidad pica: He confirmado que se podría reducir casi un 90% esa dependencia técnica.

M: ¡Guau! ¡Me parece que esta apropiación es fundamental! Cuéntame más sobre tu proyecto de investigación, sobre PechblendaLAB.

K: PechblendaLAB es un Hardlab TransHackFeminista, un laboratorio de experimentación bio-electro-química y hardware libre. Espacio mutoide que brotó el 2013 de la conjunción alienada de darkdrag, pin & piroska en Calafou, en nuestra urgente necesidad de generar un espacio adecuado para nuestros rituales, algo que habíamos soñado y escrito en clave ciencia ficción pero que hasta ese momento no había cobrado forma. Un espacio TransHackFeminista no patriarcal en donde el aprendizaje surgiera de la experimentación cruda, desde el cuerpo y el noise como campo performativo y lúdico hasta la reparación electrónica y de electrodomésticos, experimentación con turbinas, automatización de procesos, iluminación sostenible, tecnología de fluidos. Se trata de desactivar la lógica de la obsolescencia programada, generando así un cambio activo hacia las tecnologías que nos rodean desde la ingeniería inversa, haciendo fuerte hincapié en la auto-formación y el DIY-DIWO-DIT (*do it yourself-do it with others-do it together*) para la emergencia de conocimientos libres, potenciando la creación colectiva en red. Tejidos abiertos y dinámicos.

En este telar de relaciones, en el 2014 tuvimos el placer de conspirar en el HLAB2014 JOGJA en donde el gen tentacular de Pechblenda abrió un rizoma hacía la ginecología autogestionada: GYNEpunk biolab conectado directamente a otra ramificación, AnarchaGland.

Pechblenda como biolab/biopunk de investigación en torno a la *bio autonomía* tanto energética como de diagnosis, técnicas de laboratorio accesibles, capaces de tomar muestras de sangre, orina u otro fluido corporal o tejido para examinar y obtener información relacionada a nuestra salud en varios ámbitos como la ginecología, la urología, la obstetricia (OB/GYN & URO/GYN), la hematología y la endocrinología. ¿Sintetizar hormonas...? (Más información aquí: www.hackteria.org/wiki/Pechblenda; www.pechblenda.hotglue.me/?transhackfeminismo; www.network23.org/pechblendalab/; y www.we.riseup.net/gynepunklab).

M: ¿Cómo empezaste a investigar sobre los oscuros inicios de la ginecología y el asesinato de mujeres para la experimentación médica?

K: A principios de 2013, era mi turno de proponer un texto para el grupo de lectura de Calafou, y decidí presentar *Mi placer se corre como puñales,* de Chiara Schiavon (del colectivo ideadestroyingmuros), sobre la eyaculación femenina. Preparando la presentación del texto, empecé a investigar más en detalle sobre las glándulas de Skene o glándulas de eyaculación femeninas. Desde la composición de los fluidos que se excretan, hasta la historia y origen de su nombre.

Esto me llevó irremediablemente a investigar sobre los inicios de la ginecología y a conocer a Sims, el gurú de Skene, y su experimental investigación de la fístula vésico-vaginal en esclavas negras de las plantaciones de algodón en Alabama, alrededor del 1840. Anarcha, Lucy y Betsey fueron algunas de ellas. Esta información nos ha llegado a través de los diarios de Sims, el cual tenía montado un pseudohospital en el patio de su casa. Estas mujeres fueron víctimas de un sinfín de operaciones sin anestesia para llegar a conocer el tratamiento de la fístula vésico-vaginal. Ellas y una cantidad incalculable de mujeres anónimas invisibilizadas han escrito la historia de la ginecología con su propia carne.

M: Háblame sobre los orígenes de la ginecología.

K: William Hunter (1718-1783) y William Smellie (1697-1763) fueron los pioneros de la obstetricia. También fueron conocidos como los médicos de la muerte. Ellos sentaron la base de lo que hoy se conoce como obstetricia con sus dibujos anatómicos de úteros diseccionados. Ellos mismos confesaron que era extremadamente difícil conseguir cadáveres de mujeres embarazadas en el noveno mes de gestación y con el bebé ya en posición descendida. Por lo visto, hubo una ola de asesinatos de mujeres pobres y sin recursos embarazadas en el último mes de gestación. Lógicamente, se investigó a estos dos médicos, ya que habían publicado libros con dibujos, los cuales eran la mejor prueba, como la que se considera la obra maestra de Hunter, *Anatomia uterina gravidica* (Anatomía del útero humano grávido), publicada en 1774. Pero la investigación se interrumpió ya que ambos eran médicos reputados en la época. Los crímenes cesaron durante la época de la investigación pero al poco tiempo comenzó una nueva ola de asesinatos de mujeres embarazadas.

En 2010, una investigación del historiador neozelandés Don Shelton demostró a través de datos demográficos y de diarios médicos que es imposible que Hunter y Smellie pudiesen dibujar con tanta precisión los úteros de mujeres embarazadas, ya que era un perfil de cadáver difícil de encontrar en aquella época.

M: ¿En qué fase de tu investigación estás?

K: Desde ese momento hasta hoy, continuo de manera independiente y autónoma investigando, ramificando y profundizando intensamente sobre la historia de la ginecología, el *apartheid* médico, los ginecólogos y anatomistas relacionados con ella, sobre las herramientas y su historia, sobre el nacimiento de la uroginecología y sus derivaciones, sobre las retóricas de la próstata, la eyaculación femenina, la cirugía sobre la incontinencia y la cosmética vaginoplástica, sobre las prácticas actuales en África de la uroginecología asistencialista en torno al mismo problema que, 170 años atrás, fue el detonante de lo que hoy conocemos como ginecología moderna, la fistula vésico-vaginal.
Todo esto llevó inevitablemente a la propuesta activa y práctica de GynepunkLab, desarrollada en Pechblenda.

M: Me encantaría saber cómo fue el encuentro TransHackFeminista que organizasteis.

K: El encuentro TransHackFeminista (THF!) se organizó en Calafou, una colonia eco-industrial y postcapitalista, situada a 60 km de Barcelona, en Catalunya. Durante siete días, desde el 4 al 11 de agosto de 2014, un híbrido de feministas, personas queer y trans de todos los géneros se reunieron para una mejor comprensión, uso y desarrollo de tecnologías libres y liberadoras para la disidencia social. Una de las áreas de experimentación fue el desarrollo de prácticas Gynepunk.

Gynepunk trata sobre cómo involucrarse en un cambio radical de perspectiva acerca de las tecnologías médicas y las llamadas instituciones médicas «profesionales». Gynepunk es un gesto extremo y riguroso para desconectar nuestros cuerpos de la dependencia compulsiva hacia las estructuras fosilizadas de la máquina de nuestro sistema de salud hegemónico. El objetivo de Gynepunk es disponer la emergencia de laboratorios DIY-DIT y de técnicas de diagnosis en espacios de experimentación, bajo las rocas o en ascensores, si fuese necesario. Se refiere a tener estas posibilidades en un lugar estable y/o en laboratorios móviles nómadas, pudiendo realizar tantas veces como queramos, de manera intensiva, citologías, análisis de fluidos, biopsias, PAPS, hormonas sintetizadas a voluntad, análisis de sangre, de orina, análisis de HIV, alivio del dolor o lo que sea que necesitemos. Trata sobre hackear y construir nuestros propios dispositivos de ultrasonidos, endoscopias o ecografías con un bajo coste. Toda esta experimentación se realiza en complementariedad con conocimientos sobre hierbas naturales, tradiciones orales, recetas *underground*, una búsqueda insaciable para generar una plétora de lubricantes DIY, métodos anticonceptivos, dominios open doula, cuidado salvaje de cualquier tecnología artesana visceral como la extracción menstrual, todo ello elevado a su máximo potencial de aprendizaje común y de empoderamiento corporal radical.

Gynepunk está basada en metodologías y disciplinas científicas y depende del conocimiento procedente de la experiencia de cada cuerpo y de la sabiduría corporal ancestral; ¡otro ejemplo de cuán esencial es la documentación y la memoria bajo cualquier formato! Tesoros visuales, minas de sonido, adivinanzas microscópicas, escaparates biológicos, centros de crecimiento microbiológico, bancos de semillas online, archivos de fluidos, fanzines (sms de papel), coros de decodificación oral, rituales vudú de autocuración.

Gynepunk fermentará y mutará con ellos, iniciando un explosivo y expansivo movimiento dirigido a experimentos radicales, una fuerte confianza colectiva para construir nuestras políticas corporales; algo que es vital compartir y viralizar en infinitos pandemonios. ¡Nadie puede quemarnos! ¡Nadie! ¡Las brujas tenemos AHORA las llamas!

El informe sobre el encuentro con todo detalle puede encontrarse aquí:
http://transhackfeminist.noblogs.org/post/2015/02/14/informe-del-encuentro-transhackfeminista-thf-2014/

M: ¿Cómo entiendes la maternidad dentro del TransHackFeminsimo?

K: Como un body-hack, un hackeo corporal. Si «hack» es el acto de hacer, de desmontar las cosas, de comprenderlas de una manera más profunda y activa, el hackeo significa resistencia, sabotaje y transformación. La maternidad trashackfeminista es una maternidad subversiva, sexual y combativa, que se planta frente a la violencia médico obstétrica, repudia y denuncia la esterilización forzada, que colectiviza el conocimiento, las prácticas, los procesos del cuerpo, que genera narrativas particulares a modo de *how to*, a modo de herramientas de decodificación colectiva, que apoya el aborto y el parto libres y seguros.

La dimensión reproductiva de la maternidad puede ser leída como «hack» desde sus dimensiones de contagio y contaminación. O, como dice Sayak Valencia, la maternidad como fábrica de subjetividad. El concepto de viralidad ligado a la autoría y al dominio público, en el sentido de que está allí para ser redistribuido, remezclado, replanteado y lógicamente también hackeado, rompiendo y desestabilizando binarios (hombre vs mujer, teoría vs práctica, quién produce vs quién consume conocimiento y tecnologías, familia nuclear vs familia afectiva escogida descentralizada...), desmontando privilegios desde la base, despatriarcalizando, descolonizando; así como para ser conscientes y admitir los privilegios de unx y comprender la relación entre privilegio y opresión. ¿Podemos entonces pensar en la paternidad transfeminsita? La entiendo como una práctica que colectiviza cuerpos, genera redes de apoyo, desde un desapego libertario, en proceso y creación constante de herramientas de independencia radical.

Me viene a la mente Franck, de la película *De amor se vive,* de Silvano Agosti, de 1982. Solo la reciente llegada de Èlia a la comunidad de Calafou (01-10-14) me ha llevado a reflexionar al respecto en otras direcciones. Pero, en fin, no soy muy buen ejemplo sobre el tema, estoy muy verde en maternidades, por no decir conscientemente estéril.

© José Ángel Martínez Casares

Lactivismo

EL LACTIVISMO ES APOYAR la lactancia materna libre, como derecho fundamental de toda persona de amamantar y ser amamantado. Sin tener que esconderse –y sin que las fotografías de ese acto puedan ser censuradas–. Queremos mamar, chupar, succionar y gozar libremente. Tanto las madres (o padres y MaPas lactantes) como las criaturas.

Recuerdo estar en un bar dándole de mamar a Roc cuando tenía solo unos meses, cuando entró un señor mayor y le dijo suspirando al camarero: «*Quina bona vida, che, tot el día agarrat a la mamella!*» (en castellano: «¡Qué buena vida, joder, todo el día cogido a la teta!»). Y los que no quieran mamar, que no lo hagan, es su elección. Como dice Carlos González, autor de la *Guía para la lactancia materna* –un libro que a mí me ayudó mucho a nivel práctico–, el drama no es que una mujer no quiera dar la teta, el drama es que quiera y no pueda (sin haber impedimentos físicos de por medio, que por cierto son muy raros).

> «Dar la teta es gratis y por lo tanto un pecado capitalista».

Ester Massó es una lactivista cuyo trabajo aborda la complejidad de la lactancia en la sociedad capitalista y patriarcal en la que vivimos. Nos habla también de los enormes y desconocidos efectos positivos en la salud de la madre que produce lactar, ya que a menudo se habla de los beneficios de la lactancia en las criaturas, obviándose estudios científicos que muestran cómo se reducen las posibilidades de cáncer ovárico en las madres lactantes, por ejemplo. Esta visión de la maternidad en la que la mujer es obviada y solo se tiene en cuenta a la criatura es una visión generalizada, por desgracia. La madre pasa a ser un «continente» cuya salud, bienestar y placer no tiene ninguna importancia más allá de la del bebé, como si el bienestar de madre y criatura no estuviesen profundamente ligados.

Ester Massó Guijarro es filósofa, antropóloga y lactivista. Es también profesora en el Departamento de Antropología Social de la Facultad de Filosofía y Letras de la Universidad de Granada. Madre de un niño de 6 años y una niña de 4. Ha publicado varios artículos para conseguir una mejor comprensión socio-política de la lactancia en medios como el *Journal Spanish of Cultural Studies*, una revista científica de la Universidad de Nueva York.

Ella se puso en contacto conmigo cuando empecé a escribir este libro, enviándome sus artículos, y poco después le envié las preguntas para que formara parte del libro.

Me responde desde Granada en la primavera de 2015.

MARÍA: «Dar la teta es gratis y por lo tanto un pecado capitalista». Esta frase es parte de tu artículo «Lactancia materna y revolución, o la teta como insumisión biocultural: calostro, cuerpo y cuidado»; ¿puedes hablarme más del tema de la teta anticapitalista?

ESTER: Bueno, obviamente la denominación «teta anticapitalista» pretende ser estratégica, crear resonancia y debate. Son términos tácticos, por así decir, o metafóricos (suelo decir que «teta» es metonimia o parte de un todo mucho más grande, desde un cuerpo materno hasta una práctica social entera). Es una metáfora, pero con un término real muy potente, a saber: la teta es anticapitalista porque es –en principio– gratis, entra dentro de la esfera de lo no comercializado y aporta nutrición (entre otras cosas). Dicho de otro modo, «la teta» fluye en una sustancia producida por el cuerpo humano, que nutre y mantiene la vida con una calidad irreproducible en laboratorio, y para la que se pretende una alternativa creada artificialmente, muy cara además, que es la leche de fórmula. La «fórmula» no solo no nutre igual que la teta, sino que hay que producirla y comprarla, es muy cara, y encima conlleva riesgos probados de enfermedades diversas en bebés (y su correlato en madres que no dan leche), lo cual implicará a su vez un gasto farmacológico mayor y una merma de la calidad de vida (con lo que llaman en economía de la salud «costes indirectos»... más bajas laborales por ejemplo). En todo ello, poniéndonos «conspiranoicas», ¿quién gana? Pues fundamentalmente el capital, las empresas farmacéuticas, las distribuidoras, los psicólogos del sueño, y un largo etcétera. Ah, y hasta hace bien poco, los pediatras, que recomendando la fórmula se iban de vacaciones al Caribe.

Todo esto yendo a lo estrictamente fisiológico. Yendo a lo que complementa y se vincula con lo fisiológico, como es lo psicológico, lo emotivo, lo productivo y organizacional, la «teta» es anticapitalista porque supone un tiempo detenido, ir despacio, no tener prisa, no poder estar (seguramente) desarrollando un trabajo monetarizado a tiempo completo (no al menos si no se tiene cierta flexibilidad y un sostén grande alrededor); implica autogestión, gratuidad, generosidad (también, sí, ¿por qué no? Recuperemos conceptos válidos), altruismo. Todo este «anticapitalismo» no en vano suele vincularse con movimientos ecologistas, decrecentistas y de parecido pelaje. Las madres se rebelan, cuando descubren su teta tras el parto, contra tiranías varias, propias de nuestro tardocapitalismo particular, como los permisos por cuidado no pagados y ridículos en su brevedad; como la exigencia insensata de un pecho «antigravitario» y adolescente para toda la vida, fetiche del consumo sexual adulto; como la prisa o la hiperproducción; como los embates (a menudo desde el propio feminismo... ¿ilustrado? ¿blanco? ¿patriarcal...?) contra la opción por permanecer junto a la propia criatura (no digo ya en la casa, qué manía con «lo doméstico»... yo cuando estaba criando más a tiempo completo es cuando más salía y viajaba y paseaba, redescubriendo el espacio público), como si fuera una atadura no escogida.

M: Hay otra parte de tu artículo en la que tocas el tema de feminismo: «La lactancia como reclamo feminista, la lactancia materna como buena para las mujeres, en particular, y las culturas, en general, y por lo tanto la lactancia materna como objetivo feminista». Me parece fundamental entender la lactancia como revolución feminista, ¿puedes contarme más?

E: Yo veo un objetivo profundamente feminista en la vindicación de la lactancia materna, incluyendo su blindaje en políticas públicas muy potentes (por ejemplo, financiación durante varios años a la madre-padre que quiere amamantar y no externalizar el cuidado), por motivos varios, pero uno, no menor, se debe a que resulta muy beneficiosa para los cuerpos de las madres. Hablo ahora de lo estrictamente fisiológico, biológico si quieres. Me explico: se ha probado que una mamá humana enferma menos cuando ha amamantado durante largo tiempo; que el riesgo de rotura ósea en la osteoporosis fisiológica de las mujeres disminuye significativamente cuando se ha amamantado largo tiempo; que el riesgo de pérdida importante de sangre en la hemorragia uterina tras el parto disminuye significativamente cuando la mujer está lactando... que lactancias largas disminuyen el riesgo de cáncer ovárico... que las lactancias satisfactorias reducen casi a cero esa morbilidad tan occidental de la depresión posparto... todo esto, en fin, podría formularse de una manera más sencilla: no amamantar, cuando se ha escogido ser madre fisiológicamente hablando y gestar y parir una criatura, AUMENTA SIGNIFICATIVAMENTE ciertos riesgos de morbilidad en el cuerpo de mujer. (Si te fijas, aún no hemos dicho nada de las criaturas y los beneficios que reciben, de diversa índole, siendo amamantadas. Y en esta pregunta no voy a decir nada de las criaturas, porque me quiero centrar en lo que explícitamente dices.) Todo lo que he dicho muestra como un objetivo feminista la vindicación neta de la lactancia, mientras que pone en el lugar de «claramente patriarcal» cualquier movimiento destinado a su mengua, a la diminución de la importancia radical de la lactancia para un cuerpo que ha escogido parir. Quiero decir, si hubiera evidencias científicas tan apabullantes sobre que ciertas prácticas en los cuerpos de hombre (varones, XY, como queramos llamarlos) aumentan o disminuyen el riesgo de equis enfermedades, se consideraría un objetivo de salud pública primordial actuar al respecto.

Aparte de los argumentos fisiológicos, veo feminismo también en la reapropiación del propio cuerpo y sus funcionalidades, sus virtualidades... todo aquello potencial y maravilloso que el fluido que emana de los pechos puede conseguir... los cuerpos de hombres disfrutan y gozan de su fluido seminal, mientras que los cuerpos de mujeres optan por medicarse con fármacos que inhiben la producción de leche... ¿cómo se llega a desear eso? Evidentemente somos todo cultura, y tan liberadora o constringente puede ser la eyección láctea, según sea vivida. La cuestión es: ¿cómo es y cómo se ha llegado a una sociedad donde preferimos –nos sentimos más liberadas– inhibir ese fluido, retirarlo de nuestro cuerpo y de la continuación en que se ha convertido nuestro cuerpo, como es la criatura neonata, y convertir en eso la liberación?

M: «Ni el hogar es tan malo ni la teta es solo doméstica. Si la teta no ha sido un asunto público hasta ahora es porque no la daban los hombres, sino las mujeres, o dicho de otro modo, los cuerpos controlados, sometidos y subordinados cuyos potenciales había que supervisar y deslegitimar». En esta parte hablas de un tema fundamental, que es el control del cuerpo de las mujeres, y de la lactancia como una función más a controlar. Filósofxs como Paul B. Preciado comparan el control de las nodrizas con el control del trabajo sexual. Se trata de poner un límite a lo que las mujeres pueden hacer con su cuerpo, sobre todo si pueden obtener beneficio económico.

Y otra cita: «La lactancia materna ha de reclamarse también como trabajo». No podría estar más de acuerdo. Háblame más de este tema.

E: Cuando digo eso lo podemos interpretar en dos sentidos muy distintos. Uno es el de considerar que amamantar (y cuidar en general) también contribuye, si quieres de modo indirecto, al PIB; eso lo llevan diciendo economistas feministas bastante tiempo, por ejemplo Waring, en su ya clásico «Si las mujeres contaran». Y ello a escala de políticas públicas debería implicar (¡escúchame, PODEMOS o el partido que quiera postularse como realmente nuevo!) permisos parentales financiados –por supuesto, cotización 100% y guarda de empleo y puesto– como se hace en países como Suecia. Bastaría con copiar modelos que ya están funcionando bastante bien, sin idealizar nada. Eso por un lado. Todo el placer y la estética y el goce corporal,

emotivo o carnal que vivamos en la lactancia –para quienes lo vivamos–, no debería omitir esa otra gran parte de la cuestión, el valor sociopolítico del cuidado, y la necesidad de otorgarle un prestigio, un reconocimiento público y una contraprestación económica cruciales.
Hay, como decía, otra forma posible de concebir la lactancia como trabajo, y es lo que básicamente han hecho toda la vida las nodrizas, la lactancia asalariada o mercenaria, como se le suele llamar. Por mi parte, creo que es un desempeño que tal vez sería legítimo recuperar, bien regulado y contraprestado, en ciertos contextos y momentos.

M: Me gustaría que me hablases del lactivismo y de cómo puede cambiar el mundo dar la teta.

E: El lactivismo, activismo por la lactancia materna, puede cambiar el mundo de la única manera que yo concibo que algo puede cambiarse... en primer lugar, formando parte de una miríada de movimientos plural y mucho más grande; el lactivismo tiene que seguir «militando» a la par que militan tantos otros movimientos –animalistas, ecologistas, por los derechos reproductivos, indigenistas, queer...–. Es una de esas pequeñitas cuerdas con que los liliputienses del mundo vamos atando al gran Gulliver, que es el «gran sistema» neoliberal a escala internacional, por usar la hermosa imagen libertaria de Taibo. Y la teta puede cambiar el mundo en el sentido de que supone revalorizar el cuerpo que ha parido y la intrínseca relación que existe entre él y la criatura nacida y naciente; revolucionar y redimensionar cómo entendemos el concepto de inter-dependencia humana, frente al de individualidad plena; cambiar radicalmente la visión de juego suma-cero sobre lo que suponen los intercambios entre cuerpos, corporalidades y personas, en tanto que durante la lactancia gana el bebé pero también gana la madre; supone, además (por cuanto implica para ser exitosa y poder desarrollarse un potente apoyo del entorno, cercano y menos cercano), una reclamación de la necesaria vinculación del grupo social en el cuidado... incluso de conceptos maravillosos como el sudafricano de Ubuntu, por el que se entiende que dañar una parte de un todo supone dañar el todo, y al revés, beneficiar una parte beneficia al todo... y ese todo es el conjunto de quienes estamos aquí (Casilda Rodrigáñez-Bustos recupera el viejo y bello concepto de Gaia...).

M: ¿Cómo llegaste a este campo? ¿Cómo has vivido tú personalmente el tema de la lactancia?

E: Esta pregunta podría llevarme páginas y páginas... así que intento abreviar. Yo llegué a este campo sin tener la más remota idea de lo que me esperaba... cuando me embaracé de mi primer hijo, Elías, de ahora casi 7 años, los primeros meses aún me planteaba llevarlo a la guardería cuando acabaran mis 16 semanas de permiso. Ni siquiera tenía idea de hacer colecho ni cosas así (el colecho me resultó algo evidente desde la primera noche, en que me pareció muy irracional poner al bebé lejos de mi cuerpo). Llegué a este campo virgen, hasta que perdí la virginidad cuando parí y empecé a amamantar y a vislumbrar cosas, sensaciones, todo a través de la leche como fuente de todo, como símbolo. Bueno (y aunque esto es algo íntimo, lo cuento porque lo personal es político, y esto es una causa), de hecho la primera vez que vislumbré algo sobre la sexualidad que habita en la lactancia fue durante el embarazo, cuando al experimentar un orgasmo vi la primera gota de leche salir de uno de mis pechos, fue una auténtica revelación encontrar una conexión tan obvia, y a la vez tan diferente, entre sexo-leche. La segunda gran revelación fue la ruptura que comprendí, tras empezar a lactar, de la dicotomía tan arraigada en la ciencia social «público-privado», «productivo-no productivo». Por ejemplo cuando acudía a congresos con mi bebé, o cuando su padre pidió una excedencia por cuidado, para apoyarme en la crianza y la lactancia mientras yo hacía mi posdoctorado.

He experimentado cosas muy diversas con mi lactancia, desde lo más gozoso hasta alguna experiencia bastante espinosa, como mis sensaciones ambiguas en el tándem (nada hay más cultural, y menos natural, que amamantar a criaturas de distintas «camadas», por ejemplo) al embarazarme y luego parir a mi segunda hija, Paz, de ahora 4 años. Mi experiencia con la lactancia puedo resumirla en una frase que me ha dicho más de una vez una gran amiga y lactivista, a quien respeto y admiro: es una historia de empoderamiento. De aprendizaje, de placer, de política, de conocimiento. Yo no me dedicaba a estas cosas antes de ser madre, orientaba mis estudios como antropóloga a cuestiones de política y etnicidad en África austral, o a las migraciones senegalesas en la diáspora... Pero, desde 2008, poco a poco pero cada vez más, de una forma imperiosa, he ido hallando más intereses de investigación en este campo absolutamente fascinante, complejo, aún ignoto en muchos aspectos (aunque hay maravillosos trabajos hechos) y tan radicalmente proteico como es la lactancia humana, la teta, eso biocultural o de la «culturaleza», que dicen algunos, que aún no sabemos explicar.

Jesusa Ricoy Olariaga

Matriactivismo

El matriactivismo es un concepto ideado por Jesusa Ricoy Olariaga que presenta una revisión actualizada y revolucionaria de los valores matriarcales. Lucha contra la violencia obstétrica y la ignorancia generalizada que existe en la medicina respecto a los procesos físicos –y espirituales– que suceden en el cuerpo de la mujer: embarazo, parto, puerperio, ciclos menstruales, menstruación, orgasmo y placer, menopausia, etc.

En su trabajo, Jesusa integra el conocimiento científico preciso y una profunda conexión de nuestra naturaleza mamífera e instintiva.

Jesusa Ricoy Olariaga es matriactivista, *antenatal teacher* (una titulación universitaria que no existe en España), encapsuladora de placenta y profesora de *hypnobirthing*. Autora del libro *Madre, el último tabú*, es alicantina y vive en Londres. Es madre de dos hijos y una hija a los que ha educado en casa hasta que ellos mismos han decidido ir al colegio.

> «Se ha establecido una lucha de supremacía del intelecto sobre el instinto animal y no hemos sabido utilizar ambos para nutrirlos respectivamente».

Tuve el gusto de conocerla –y tomarme un té con ella en su casa londinense– cuando estaba embarazada de Roc. Estaba preñada de tan solo unas semanas... y muerta de miedo de tener otro aborto. Me dio el mejor consejo que se puede dar a una mujer preñada: No dejes que el poder se desplace fuera de tu cuerpo.

Responde a mis preguntas por correo electrónico desde Londres a finales de 2014.

MARÍA: Háblame de tu profesión y de cómo ha evolucionado tu carrera profesional desde que te convertiste en madre.

JESUSA: Soy *antenatal teacher*, que es una especialidad en torno a la educación de adultos y la obstetricia. En Reino Unido se cursa a través de la Universidad y la National Childbirth Trust (NTC). Nos formamos en diseñar e impartir clases en todo lo pertinente a embarazo, maternidad, paternidad, muerte del bebé, lactancia y posparto.

Mi carrera profesional surge de mi fascinación por la capacidad de gestar y parir, algo que me ha obsesionado desde niña. Cuando lo sentí en mi propio cuerpo, esta gran curiosidad se acentuó. Cuando buscaba una profesión que me llenase emocionalmente se presentó como la opción lógica. Recordé a mi profesora de parto aquí en Londres y, tal cual lo pensé en mitad de la calle, me metí a un café Internet a buscar la manera de hacerlo posible. A eso siguieron años muy duros de estudio, prácticas y mucho escribir trabajos en inglés a nivel académico. Fue durante el embarazo de mi segundo hijo y tras una depresión posparto severa... ¡aún no sé cómo lo hice! Después comencé a dar clases y, si bien soy muy feliz creativamente con todo lo que aprendí en esos tres años de estudios, paradójicamente, gracias a ellos, también llegué a la conclusión de que realmente me gustaría que mi profesión no existiera.

El parto no debería ser un proceso intelectual de elección de procedimientos. Pero por desgracia el sistema de atención al parto en estos momentos requiere que yo trabaje educando y des-educando a los futuros padres en estas cuestiones: qué es un parto, qué no lo es, riesgos de ciertas intervenciones, alternativas y cómo decidir libremente y de manera informada. Cuando en realidad el parto es y debiera atenderse como un proceso espontáneo e instintivo, pero claro, ahí mis clases no tendrían cabida.

El resto de cosas que he hecho profesionalmente han sido complementarias o paralelas. Por ejemplo, cuando me hice doula nunca fue con la intención de ejercer como tal, sino para tener la oportunidad de escuchar a Michel Odent, médico francés y experto en nacimiento. En pleno *training* apareció una clienta que buscaba una figura materna española en su parto, porque su madre, española, no podía estar presente. Fue la mejor persona para iniciarme como doula, y la peor. ¿Por qué la peor? Porque tuvo un parto extático. ¡Le dije que para mí iba a ser muy difícil superar esa experiencia laboralmente!

M: Yo también hice el curso de doula con Michel Odent, y Liliana Lammers, fue todo un aprendizaje poder escuchar a estas personas tan sabias y experimentadas. ¿De dónde surge el término *matriactivismo*?

J: Pues un poco por cuestiones lingüísticas. Cada vez que tenía que describir lo que hago se me hacía largo y complicado. Se me ocurrió reducirlo a matriactivismo ya que mi trabajo como activista consiste en promulgar cambios en las cuestiones matriarcales que surgen al no encajar fisiológicamente en el sistema vigente.

M: Cuéntame algo más sobre uno de tus proyectos de matrieducación: *3Colours*.

J: El proyecto *3Colours* surgió durante una semana que pasé en Brasil en una mesa redonda en un entorno increíble. Los colores de colibríes y plantas inundaron mis sentidos y reflexioné que en Londres y otras ciudades se hace muy abstracto proteger el medio ambiente, porque el medio ambiente es algo gris y lleno de cemento y petróleo, pero cuando ves la belleza que existe en otros sitios del planeta comprendes que haya quien arriesga su vida para defenderla. A través de esa reflexión, me di cuenta de que las mujeres nos pensamos en abstracto, en general no conocemos nuestras cérvix, nuestras vulvas, nuestros ciclos, nuestro clítoris... Vivimos nuestro cuerpo de manera patológica y entonces me parece lo más normal que lo entreguemos sin rechistar a episiotomías y cesáreas, que entendamos el parto como una anomalía y la lactancia como un imposible. *3Colours* busca llevarnos de vuelta al conocimiento de esa selva interior para que desde allí luchemos con uñas y dientes por protegerla.

M: Yo entiendo la violencia obstétrica como una parte del sistema patriarcal de opresión a las mujeres. Creo que es fundamental entender que venimos de una sociedad matriarcal donde la maternidad tenía un lugar muy diferente al actual. ¿Coincides conmigo en que el sistema patriarcal se basa en desempoderar la experiencia maternal?

J: Yo creo que sí, que es una de las necesidades para la perpetuación del sistema patriarcal por muchísimas razones; es parte sustancial desmontar los poderes maternos en una cultura cimentada en el poder masculino. La cuestión es que quizá la desmesurada importancia que se le da al poder es un error de base, pero esa ya es otra cuestión. Yo creo que la violencia obstétrica es producto de un sistema de pensamiento; en realidad, se basa en la ignorancia fisiológica de quien no lo ha experimentado, que le lleva a percibirlo de manera patológica. Lo cual, como consecuencia, lleva al desempoderamiento necesario para el ejercicio de la autoridad sobre el proceso. Es decir, obviamente hoy en día hay matronas y obstetras mujeres y madres, pero las cuestiones básicas y el enfoque principal que se sigue utilizando fue creado de manera patriarcal y en una época en la que las mujeres tenían poca opción de decir nada. Por ejemplo, algo tan básico como la postura de litotomía (mujer tumbada boca arriba y las piernas en soportes) es profundamente significativa en este particular, esa postura la estipula un observador que se siente con autoridad y espera la intervención sin ninguna empatía fisiológica.

M: Un punto en común que me he encontrado durante estos últimos años es que la maternidad empoderada nos conecta con la fuerza de nuestros cuerpos sexuados creadores de vida y, consecuentemente, con una concepción sagrada y divina de la naturaleza que se ha perdido y que era el eje fundamental de las sociedades matriarcales. ¿Cómo ves el tema de maternidad en relación con la espiritualidad y la sexualidad?

J: No me suelo sentir demasiado cómoda con las cuestiones espirituales porque soy muy pragmática y creo que a menudo se trivializan. Por desgracia la búsqueda de la matriarcalidad en estos días suele ir, en ocasiones, acompañada de un tinte *new age* charlatán a modo de paquete religioso reinventado en el que a menudo se meten cosas que a mí me dejan boquiabierta.

Dicho esto, creo que tú sí que lo enfocas por la parte en la que yo estoy más de acuerdo, la cual es que todo el sistema vigente, que cuenta con un enorme peso religioso históricamente, es profundamente masculino y lineal, lo que nos ha separado de toda una comprensión cíclica de tantísimas cosas. En resumen, la concepción y expresión del mundo están faltas de muchas voces, sexos y colores, la sociedad está desequilibrada y, por tanto, lo está para todo.

También creo que se ha establecido una lucha de supremacía del intelecto sobre el instinto animal y no hemos sabido utilizar ambos para nutrirlos respectivamente. Desdeñamos como precario e involucionado nuestro instinto cuando en realidad dicta muchísimas de las pulsiones diarias, somos animales por mucho barniz intelectual que nos echemos. Las mujeres, cuando se comprenden fisiológicamente, están más cerca de esa parte instintiva porque conocerse las lleva inevitablemente, al verse mamíferas, más allá de la cultura.

En cualquier caso, desde bien pequeña, y habiendo estado en un colegio de monjas (en el que a los nueve años declaré ser atea), ya pensaba que de haber alguien que hiciera hijos a imagen y semejanza debería ser mujer, ya que las capacidades de gestar y parir siempre me parecieron mitológicas.

M: Los partos extáticos son una realidad. Creo que es mejor referirse a ellos así, en contraposición a orgásmicos, ya que parece que si no te has corrido no has disfrutado, cuando se puede tener un parto (o una relación sexual) lleno de gozo y placer sin llegar al orgasmo. ¿Cuál es tu experiencia al respecto?

J: Como te decía, el primer parto que acompañé fue un parto extático. Yo prefiero no llamarlo orgásmico porque me parece un término muy limitado y contaminado. En realidad, para mí es un éxtasis que pertenece a una sexualidad femenina poco explorada culturalmente y, por tanto, muy falta de acepciones lingüísticas que la definan.

Mi experiencia es que eliminando cualquier causa de estrés, cosa bastante difícil por cultura y estructuras sociales, las mujeres en ocasiones conseguimos alcanzar un estado en que el parto es pura experiencia física e instintiva, donde las contracciones son una sensación intensa, parte de un proceso fisiológico sin alarma, miedo o preocupación. Cuando observas este tipo de partos las expresiones faciales de las mujeres son primero de abandono, incredulidad y admiración después, cuando ya ven salir al bebé. Como incrédulas de su propia capacidad por haber hecho algo tan increíble.

M: ¿Por qué es bueno comerse la placenta? A mí me hicieron un batido de leche de arroz con un trozo de placenta después de mi parto que me hizo recobrar todas las fuerzas.

J: Yo siempre abogo por la libertad y la evidencia científica y huyo de aleccionar o aconsejar. Por ello no me atrevería a decir que es bueno. Diría que podría tener sentido y que cada una es libre de hacer lo que quiera; a modo personal podría contarte que yo lo hice. Me parece algo muy interesante sobre lo que quizá un día sepamos más.

Por ejemplo, se da vitamina K a los bebés porque se les cree deficientes en esa sustancia, cuando la placenta y el vernix (grasa blanquecina que recubre a los bebés recién nacidos) que quitamos a los bebés al nacer están llenos de vitamina K. Así que quién sabe.

Por otra parte, si observas a la naturaleza, rara vez crea algo que sea redundante o un deshecho no reutilizable. A nivel nutricional contiene mucho hierro, hormonas y vitaminas, así que no parece tan imposible que fuese un reconstituyente, tal y como parecen utilizarlo el resto de los mamíferos. Pero aquí volvemos a la matriarcalidad del asunto: no hay ningún problema con que se utilice para inyecciones en la rodilla de un futbolista pero es un escándalo si su dueña se la come.

Esto es lo que debería hacernos reflexionar, por qué la necesidad de cientificarnos e intelectualizarnos es una incompatibilidad con la de identificarnos como mamíferos, primates y, por tanto, aunque muy inteligentes, animales. Creo que la integración de la matriarcalidad y del instinto en nuestra forma de entendernos sería lo más enriquecedor que nos podría ocurrir en la evolución de la humanidad.

Bárbara Iserte

Bárbara e Irene de mochileras por Tailandia en 2013

Lactancia compartida
Parto extático, sexualidad y crianza

QUIERO REIVINDICAR MODELOS de crianza alternativos y no patriarcales, quiero crear estructuras de crianza y maternaje que sean distintas al modelo que se nos impone como único. Compartir la lactancia es cómodo y práctico y puede ayudarnos a facilitar la crianza enormemente. Sin embargo, vivimos en una sociedad que promueve una monogamia de la teta: mejor sacarse leche con dolorosos y caros aparatos que dejar que tu bebé se la chupe a otra. Mejor darle fórmulas artificiales (¡y también caras!) en un biberón que hacer algo tan sencillo, fácil y anticapitalista como sacarse la teta y compartir.

Bárbara Iserte se ofreció a darle la teta a mi bebé cuando tuve que pasar por el quirófano a las pocas semanas de su nacimiento. Su posicionamiento contra la monogamia de la teta me pareció inspirador. Me hizo reflexionar sobre lo sencillo que es apoyarnos lxs unxs a lxs otrxs y lo que nos complicamos el mundo a veces.

> «Para mí compartir la lactancia es algo natural, es una manera en que podemos ayudarnos. Yo vi tu necesidad, no querías sacarte leche, y pensé: "aquí está mi leche si tú la quieres". Pero hay gente que se echa a correr si le propones algo así».

Bárbara ha vivió también un parto extático y sus reflexiones sobre la sexualidad durante la crianza siendo madre soltera me hacen siempre pensar.

Bárbara Iserte es profesora de lengua castellana y literatura y madre de una niña de dos años. La experiencia le ha gustado tanto que quiere repetir. Nacida en Castellón, como una servidora, nos conocimos en uno de los grupos de lactancia que organizaba mi doula, Ana Claramonte, en Almazora. Me quedé fascinada por su libertad y valentía a la hora de abordar la maternidad. Es la persona que me animó a empezar este libro cuando Roc era apenas un cachorro.

Charlamos en el salón de mi casa durante el verano de 2014, haciendo frente a sus reticencias iniciales...

BÁRBARA: Yo no creo que ser madre soltera por elección sea un tema que le interese a nadie, no sé por qué me quieres entrevistar.

MARÍA: Lo que a mí me parece interesante no es que seas madre soltera, sino el modo en el que vives la maternidad. ¿Te acuerdas cuando nos conocimos en un grupo de lactancia? A mí me iban a hacer una operación por un bulto en la vagina que me salió después de parir. Mi criatura tenía cuatro meses y estaba con lactancia exclusiva. Me preocupaba el tema de la anestesia y de que no pudiera comer cuando tuviera hambre. Sabes que el niño no se va a morir de hambre, que le van a dar leche artificial (y tienes también la opción de sacarte leche) pero a mí ninguna de esas opciones me convencía. Entonces tú me ofreciste venir con nosotros al hospital para darle tú la teta a Roc si yo no podía hacerlo.

B: Me parece algo normal y natural.

M: ¿Lo has hecho otras veces?

B: Con mi sobrina Aina alguna vez. A veces mi hermana me decía que si estaba muchas horas con ella, como yo estaba lactando también, podía ofrecerle pecho. Ella ha mamado de mí. A veces sí se te hace un poco raro. De hecho tengo amigas que me dicen que no podrían, lo ven como algo muy íntimo. Una amiga de Barcelona que me dice que ella no se lo puede ni plantear. Ni que nadie le dé a su hijo de otra teta, ni tener a otro bebé en su teta. Sin embargo, otra amiga que me dice que sin problema, que se ofrecería encantada.

Hay otros casos en los que puede ser de mucha ayuda. Otra amiga de mi hermana tenía problemas con el agarre y pensaba que igual el problema era suyo, no sabía si lo estaba haciendo bien, tenía dudas. Yo le propuse probar con la mía.

M: ¿Era muy pequeñita la criatura?

B: Tendría un mes, y al final era un problema de paladar. Se lo diagnosticaron muy tarde. Problemas de frenillo. Efectivamente, me la puse al pecho y no se agarraba.

M: Recuerdo el caso de una mamá con los pezones invertidos y una mamá con una lactancia establecida que se cambiaron los bebés. El bebé que ya sabía mamar le sacó los pezones a la otra mamá, el bebé hambriento comió y problema solucionado.

B: Y otras veces son ellos mismos, los bebés, que por el olor diferente, no quieren.

M: A no ser que tengan mucha hambre, ¿no? Roc en el hospital sí que se cogió.

B: Roc estuvo un rato mamando, luego se sació y dijo: «¡Ya! Me he quitado el hambre y ya no más». Con Baruc, mi sobrino, también estuve disponible hasta que le subió la leche a mi hermana. Yo había oído que una vez hubo una mujer hospitalizada en Castellón y que todas las mujeres de un grupo de lactancia se organizaron para ir a dar de mamar a ese bebe. Cada dos o tres horas iba una y le daba. Era una criatura de dos meses. A mí me parece algo precioso. Me parece una manera muy hermosa de dar amor. Cuando lo escuché, me pareció lo más lógico y normal. Sé que existen bancos de leche en Barcelona, pero no es lo mismo que ponerse al bebé al pecho, ¿no?

M: Lo de los bancos de leche materna me parece interesante, lo que pasa es que a mí me interesa más lo de compartir la teta directamente. Yo no le tengo mucho amor a los sacaleches.

B: Yo no me he puesto ninguno, no sé cómo es.

M: A mí me desagrada. Si hay algo que es tan sencillo como dar de mamar, ¿por qué lo queremos complicar tanto?

B: Yo recuerdo a mi abuelo, que tenía una *dida*. Una *dida* era una madre de leche. Y él contaba que había compartido *dida*.

M: Antes las mujeres de clase alta no daban la teta porque había un tabú sexual que hacía que no se contemplara la parte placentera de la lactancia y se considerara un trabajo. O al revés.

B: O para estar disponibles para el marido.

M: Entonces las mujeres daban a los críos a las *didas,* que es la palabra catalana para ama de cría, por cierto.

B: Hay mucha gente que son hermanos de leche porque les ha dado la teta la misma mujer. Yo recuerdo escuchar esto, pero ahora se ha perdido.

M: La genealogista Mireia Nieto en su libro *Nuevas genealogías* habla de este tema y de otras cuestiones relativas a la genealogía queer. Si yo hubiera nacido en otra época me hubiera gustado ser *dida*. Imagínate. ¡Qué maravilloso trabajo! Aunque tiene que ser muy cansado también. Yo los primeros meses de lactancia me notaba muy cansada.

B: El posparto y la falta de sueño son las causas más probables de ese cansancio. Yo también me apuntaba a ser *dida*, tiene que ser un trabajo bien bonito. Dar la teta como algo placentero y no como dicen algunas personas, un sacrificio. Se dice: «Se ha sacrificado por poder darle el pecho». Y yo no lo entiendo. A mí me parece el momento más romántico que tengo con mi criatura. Las caricias que me hace son las más preciosas.

M: Para ellos esa es la forma en la que aprenden a relacionarse con otro cuerpo por primera vez.
Pero volviendo a la cuestión que planteábamos, ¿existe una monogamia de la teta? Hay un paralelismo obvio con las relaciones sexuales. Igual que se supone que tenemos que tener relaciones monógamas, parece que una solo pueda darle la teta a su criatura. Y que darle la teta a otrx o que tu hijx se vaya con otra teta es ponerle «cuernos de leche».

B: Es el miedo de las madres a que le des algo que ella no le pueda dar. Es como si dijeran: «Para mi uso y disfrute exclusivamente, con lo bueno y con lo malo. Si algo no va bien, sufriré yo, pero no quiero que entres en mi relación bajo ningún concepto». Para mí es algo natural, es una manera en que podemos ayudarnos. Yo vi tu necesidad, no querías sacarte leche, y pensé: «Aquí está mi leche si tú la quieres». Pero hay gente que se echa a correr si le propones algo así. A mí lo que me preocupaba era cómo mi hija vería que yo le diera el pecho a otra persona.

M: ¿Y qué tal?

B: Muy bien, tenía un año y medio y alguna vez ya me había visto ofrecer teta a otros bebés. Quizás ahora que es mayor reaccionaría de otra manera o igual no le importaría, no lo sé.
Yo no sabía cómo podría gestionar la situación si Irene me reclamaba, ya que el otro bebé también necesita de su

tiempo para cogerse bien. Para mí debería de existir un banco. Pero no un banco de leche, un banco de personas. Una serie de personas que se puedan movilizar. Un listado de madres, igual que hay un listado de pisos en alquiler. Una aplicación para móvil sería una buena opción. Cada persona que quiera ofrecer su teta en determinada zona a determinas horas puede colgarlo en su perfil y las personas que lo necesiten pueden contactarla. Podría haber asociaciones de lactancia que ayudaran. Solo hay que darse de alta en la red.

M: Podría llamarse «No sin mi tetita». (Risas)
Déjame que te pregunte sobre otras cuestiones. Una gran ventaja de ser madre soltera es que no has sufrido el tema de la demanda de sexo de tu pareja cuando tú estás a tope de prolactina. Me explico, cuando das la teta produces prolactina, como consecuencia de esto tu deseo sexual hacia otros seres se limita. Tu deseo está completamente volcado en la criatura que tienes entre tus brazos. Entonces muchas mujeres se quejan de que sus parejas les piden sexo y ellas no tienen ganas. Y muchos hombres se quejan de que sus parejas ya no están disponibles sexualmente. Una ventaja de tener un crío sin una pareja masculina es que no tienes que lidiar con esa demanda. O femenina también, si tienes un hijo con una mujer también te demandaría una continuidad en la relación sexual supongo. En realidad no es una cuestión de hombre-mujer, es una cuestión de relación con otros cuerpos y de respeto de la diada madre-bebé.

B: Yo he sufrido más la falta de sexo. Durante los meses de embarazo tenía muchas ganas de tener relaciones sexuales, pero me resultó muy difícil. Puedes encontrar sexo, sí, pero cuesta más. Depende de dónde vivas. Yo el embarazo lo pasé en un pueblo pequeño por cuestiones laborales. No tenía ninguna red social, estaba sola, ni familia ni amigos.

M: Y te topaste con el tabú de follar con una embarazada.
B: Claro. Y la dificultad de encontrar a alguien apropiado. Cuando ya lo encontré, era una persona separada, y como que le daba miedo. Su experiencia anterior era la de que su expareja durante el embarazo no quería nada. Y yo al revés.

M: Quizás a esta persona también le sirvió para sanar una experiencia anterior en la que no pudo acercarse de forma sexual a un cuerpo embarazado.
B: Yo no tenía miedos, pensaba que si yo estaba feliz eso iba a ser bueno para mi embarazo. Quería que la criatura sintiera un orgasmo que no viniera solo de su madre sino del contacto con otro cuerpo. Y ahora que ya he pasado el primer estadio del puerperio, vuelvo a tener ganas de encontrarme con otros cuerpos.

M: ¿Cuándo te volvió el deseo sexual hacia otros? Sé que es gradual, que no es de un día para otro...
B: Irene nació en agosto, y yo ya tenía necesidad de carne, pura y dura, un poco antes del año después de parir. Diez u once meses después. También era una necesidad de estar tiempo sin mi hija. Antes eran 24 horas al día con ella y ya entonces empecé a necesitar un espacio para mí sola y con una intimidad en la que ella no estuviera. Hasta ese momento mi única intimidad era con ella. Necesitaba reencontrarme con una intimidad anterior, pero antes de ese momento no tuve esa necesidad. Sentí que había algo que tenía ganas de retomar. Otra cosa es que lo pudiera materializar.
No solo es una cuestión física, es también psicológica. Hablaba con otra madre y me contaba que con su criatura de dos años y medio lo hacía con su pareja por cumplir. No sé si tan solo es químico o también hay algo emocional.

M: Yo he hablado con colegas y me comentan que el componente químico de la prolactina es solo al principio, luego hay un cambio en tu sexualidad, tu vivencia de las relaciones. A veces hay una negación a continuar las relaciones sexuales tal y como las estabas viviendo con tu pareja, pero esto es porque tú ya eres otra persona y ya no estas dispuesta a aceptar según qué cosas. Hay parejas que se desencuentran.

B: Otro tema es cómo vivo la sexualidad con Irene, que tiene que estar presente muchas veces. Pero tampoco quiero que esté presente en todo. Hay una manera nueva en la que afronto la sexualidad, sabiendo que ahora tengo una hija. No la quiero excluir del todo pero tampoco quiero que participe en según qué. A lo mejor la gente que tiene una pareja continuada lo vive de otro modo.

M: A mí todo esto me viene de nuevo, mi hijo tiene diez meses, no tengo una gran vida sexual, pero cuando la tengo mi hijo está cerca.

B: Tu hijo tiene un vínculo con quien tú tienes una relación sexual. Sin embargo, mi hija no tiene un vínculo con quien yo pueda tener una relación sexual. El acercamiento físico con alguien familiar es diferente. ¿Cómo se relaciona Irene con esos desconocidos o desconocidas? Ahí hay un miedo de qué es lo normal y qué es seguro para ella. Si yo tuviera una pareja con quien tuviera un vínculo emocional, seguramente ella estaría presente en muchos más encuentros que surgieran con naturalidad. Mi problema es cómo relacionar a mi hija con desconocidos, qué es normal y qué no. Qué toca y qué no toca. No me gustaría expulsarla y que fuera algo totalmente ajeno a ella, me parece que el sexo no es algo que esté ajeno a nadie. Pero ¿qué es en este caso, normal, natural?

M: Otra de las cuestiones sobre las que quería que hablásemos era tu parto, un parto extático.

B: Yo no recuerdo dolor, pero tampoco un orgasmo.

M: Tal vez no haga falta experimentar un orgasmo, con que haya habido gozo y placer, nos sobra. Me encantaría que me hablases de ello.

B: El parto para mí empieza unos días antes, en cuanto yo noto que ya estoy preparada para parir. Yo viví una serie de mudanzas y ni me planteaba parir porque no estaba preparada. En el momento en que yo preparo el habitáculo, para mí ya empieza el parto. Tenía unos carteles muy personales por todo el espacio en los que se podía leer: «Yo ya estoy abierta, cuando quieras ya puedes salir», «Todo con mucha, mucha tranquilidad». Y se me pasó la fecha, una semana.

M: ¿Te hiciste controles médicos durante esa semana?

B: Una vez. Revisión y monitores, pero no me abrí de piernas. Al vivir fuera, me interesaba que el hospital tuviera mi expediente, por eso fui a revisión. Quería parir en casa pero, si había algún problema, tenía claro el hospital al que quería ir. Me interesaba que tuvieran mi historial. Por eso iba a las revisiones que me tocaban. Y siempre avisando de que quería un parto natural y en casa, para que supieran cuál era mi situación.

El mismo día del parto, yo caminaba por la playa, como era mi costumbre, y ese día era como que el cuerpo me decía «no camines». Me notaba rara y más pesada. Quien me iba a acompañar en el parto era mi hermana y le dije que lo que estaba notando era diferente a todo lo que había notado hasta ahora. Fuimos a comprar, hicimos la cena más bruta que puedas hacer, patatas fritas, salchichas de tofu. Mi cuñado quería una salsa y fuimos al Lidl antes de que cerraran. Una cena con mucho aceite que horas después vomitaría, por supuesto. Cuando estábamos recogiendo la mesa yo notaba que tenía que parar. Hasta ese momento el cuerpo no me había parado nunca, soy una persona muy activa. «Tengo que descansar», le dije a mi hermana. Nos metimos todos en la cama. Lo dejamos todo preparado, incluida la bolsa por si teníamos que ir al hospital. Quería que se supiera bien dónde estaban las cosas para que nadie me interrumpiera ni me molestara.

Metida en la cama, cada 15 minutos notaba una contracción.

M: ¿Intentabas dormir?

B: La luz estaba apagada, sí que lo intentaba, pero no podía. Era viernes por la noche, hacía mucho calor, agosto. Salí a la terraza, no recuerdo dolor sino un gran cansancio físico. Me tumbé en el sofá de la terraza y pronto comencé a tener arcadas. Fui al baño varias veces para vomitar. Bebía mucha agua, pero en un determinado momento ya no tenía fuerzas, ya no tenía energía para llegar a beber agua. Necesitaba que alguien me diera de beber, me daba miedo deshidratarme, hacía realmente mucho calor. Mi postura cambiaba, el cuerpo te dice cómo te tienes que poner cuando viene una contracción, a veces me ponía de pie apoyada en la puerta y otras a cuatro patas en el suelo con la cabeza en el sofá. Tenía que estar muy estirada hacía arriba o hacia abajo. Era un puntito de dolor que pasaba rápido. A las 6 de la mañana avisé a mi hermana.

M: ¿Tú todo esto lo habías estado haciendo sola?

B: Sí, sola. En el momento en que no llegué a por el agua sí que vi que ya necesitaba ayuda y desperté a mi hermana. Vomité dos veces e intenté cagar... recuerdo la sensación de ganas de cagar y no poder.

M: Yo eso lo recuerdo. La sensación de que había que vaciar el cuerpo de todo porque se iba a necesitar toda la energía posible.

B: Era una sensación de vacío total. De que había que sacar todos los líquidos. Tenía mucha necesidad de beber, muchísima, era horrible, no soy muy calurosa pero entonces lo fui. Desde que desperté a mi hermana la noción del tiempo se me va. Estaba pero no estaba, estaba conmigo y con mi bebé. Disfrutando en el sentido de que era como un viaje. Era un viaje en el sentido de no sé dónde estoy, pero estoy aquí dentro. Era una mezcla entre viaje y baile. Baile porque el cuerpo se iba moviendo desde algo que me dictaba muy a dentro.

Y sí que recuerdo que pregunté a mi hermana: «¿Tú crees que ya estoy?». Y me respondió: «Estás de 6 centímetros».

Sin tocarme ni nada. Corriendo llamó a las comadronas porque casi no llegaban...

Ya no recuerdo mucho más. Intuyo. Despertó a mi cuñado, a mi sobrina, que entonces tenía 13 meses, y la sacaron de la habitación. Mi cuñado se puso a inflar la piscina, para poder parir en ella.

Carlos se ocupó de su hija y de la manguera. No llenamos la piscina hasta que llegaron las comadronas. Yo no sabía cómo estaba yendo el parto. Era un punto en que casi no me creía lo que estaba pasando: «¿Es esto estar de parto?». Me ayudó mi hermana caminando, venían muy seguidas las contracciones, no tenía reloj, no apunté nada. Íbamos despacio, me ayudaba a sujetarme para llegar a la habitación. En la habitación me recuerdo a cuatro patas; encima de la cama a cuatro patas y ahí llegaron las comadronas. No era consciente de nada de lo que ocurría fuera, a mi alrededor.

Por lo que me dice mi hermana llegaron a las nueve de la mañana. Estaba todo en penumbra, la luz no cambió. La comadrona vino con su hija pequeña también, aquello era un «venga niñas y mujeres en la habitación». Yo seguía en mi mundo. Y me dice la comadrona: «Ya estás. Ya está la dilatación completa».

Me pidió permiso para hacerme un tacto, pero no hizo falta ningún tacto, ya se veía la cabeza. Y sí que estuvieron todo el rato con el Doppler para ver el latido del bebé, que para mí fue un engorro.

Me metí en la piscina, noté más alivio y mucho calor. No quería que nadie me masajeara, que nadie me tocara. Una toalla húmeda en la cara, con agua fresquita y el abanico. Mi hermana me abanicaba. No tuve que pedir nada, yo miraba y se me daba. Había una comunicación entre mi hermana y yo alucinante. Sé que trajeron fruta, pero yo no quería comer nada, el cuerpo no me pedía nada. Yo notaba cansancio físico, dolor no lo recuerdo. Porque Irene no salía. Estaba un poco mal encajada, se metía, salía, se metía, salía. La expulsión duró dos horas y cuarto. Me recuerdo dentro del agua, intentando poner la barriga lo más abajo posible para que estuviera sumergida en agua completamente, pues había ido todo tan rápido que no había dado tiempo a llenar la piscina de agua totalmente. Y agradeciendo todo el tiempo a mi bebé (yo no sabía si era niño o niña) que me diera tiempo a descansar. Yo recuerdo que me decían: «¿Tú quieres empujar?». Y yo decía que sí, pero Irene no tenía prisa. Eran unas contracciones muy fuertes, pero me daba tiempo a descansar. Para mí era como «aquí viene una», bailábamos y descansábamos un momento, pero al final el baile te cansa, dices «por favor, sal ya que estoy agotada». Recuerdo un poco de escozor al salir la cabeza (el círculo de fuego), sí, pero fue muy sutil.

Para mí fue rápido. Luego tardó otros tantos minutos en salir el resto del cuerpo y yo le decía a mi hermana: «¿Ya está?». Le dije: «Si esto es parir, ¡quiero cinco!». ¿Dónde está el dolor del que yo había leído? ¿Dónde están los fantasmas? ¿Me vendrá en el puerperio, no? Me vendrá en la lactancia... y siguen sin llegar.

M: ¿Qué tal la lactancia?

B: Muy bien, tardó un poco en agarrarse porque yo creo que Irene estaba cansada. Se cogía pero mamaba muy poco, y se quedaba dormida enseguida. Mi hermana tenía miedo de que entrara en ese círculo en el que cada vez están más débiles y cada vez duermen más y maman menos. El domingo por la noche tuve una charla con mi hija y el lunes comenzó a mamar.

M: Le dijiste algo tipo «tienes que mamar y punto, cariño».

B: Sí, le dije: «Yo estoy muy tranquila, pero no me quiero poner intranquila». Había ido a grupos de lactancia desde el verano, antes de parir, y había observado en las recién paridas que el problema era siempre el peso del bebé y la obsesión por el peso del bebé. Yo no quería entrar ahí, así que le dije que yo entendía su tranquilidad, pero que yo necesitaba que mamara. Y por la noche comenzó a mamar más seguido.

Fue un parto muy tranquilo y muy respetado, no solo en el sentido de respetarme a mí sino de respetar a Irene, íbamos al ritmo que ella me imponía.

M: El ir a grupos de lactancia antes de parir creo que es práctico.

B: Está muy bien encontrarse con otras madres y ver lo que les pasa a ellas. El cambio de vida es tan fuerte que mucha gente no se lo espera.

M: A mí me ayudó mucho mi doula.

B: Yo no tenía las papeletas para que fuera fácil. Me acababa de mudar, había dejado el trabajo para dedicarme a la maternidad como madre soltera... un año bastante intenso.

M: ¿Ha cambiado tu sexualidad y tu forma de estar en el mundo?

B: Seguro que han cambiado. Creo que confío mucho más que antes en las cosas que vienen. Siempre he sido segura, pero ahora más. Y a nivel de camaradería también.

Entender a muchas mujeres que antes no podía entender o que veía muy lejos. En la manera de acercarme a otras madres, incluso las que son totalmente diferentes a mí. Puedo entender cualquier punto de vista. Me puede gustar más o menos pero hay un punto en que, de igual modo, lo entiendo.

Y sobre todo entiendo que nos han engañado, nos han silenciado, nos han quitado nuestro poder y nuestra fuerza. Nos han engañado sobre lo que es una familia.

M: ¿Como madre soltera has sentido falta de apoyo o soporte en tu proceso? Quisiera ponerlo en contraposición con algunas mujeres que se han sentido muy solas, a pesar de estar en una relación.

B: Para mí fue muy importante el apoyo de mi hermana y su familia, que me acogieron en su casa tras el parto. Y eso sí es red.

También tiene que ver el cómo uno vive la soledad. Para mí es algo natural, y si necesito ayuda, pido ayuda. Y el hecho de saber qué es lo que puede venir y preparar una red de con quién puedo estar y con quién no, ayuda mucho. Yo no puedo esperar que una persona supla todas mis necesidades, es imposible. Una persona me puede dar sexo, otra amor, esta va a llenarme como mujer, esta otra como persona que trabaja. Esto es todo expectativas. ¿Qué expectativas tengo yo? ¿Qué espero yo de mi pareja? ¿Qué espera mi pareja de mí? Hay un follón... Yo leí mucho, si hubiera tenido una pareja, un compañero, no sé si hubiera leído tanto. Yo creo que es mucho más difícil la maternidad en una relación que sola.

Helena Torres

Ismael Llopis

Crianza, maternidad y sexualidad (Mi mejor amante)

EL VÍNCULO QUE SE CREA A NIVEL FÍSICO entre la madre y su criatura es siempre difícil de abordar. Resulta más sencillo hablar de temas como el parto extático o la lactancia orgásmica. Pero hablar de la relación libidinal entre ambos, una relación que incluye placer y goce mutuo, es complicado. Es el tabú del incesto, el miedo a que el adulto ejerza violencia –de tipo sexual– sobre la criatura (un miedo justificado si tenemos en cuenta la cantidad de abusos que sufrimos en la infancia).

Helena Torres es una persona capaz de hablar sin tapujos de este tema, con una honestidad y lucidez capaces de desplomarnos, de desnudarnos y de hacer que todo nuestro mundo se tambalee.

> «Entonces me di cuenta de que no quería follar porque ya estaba follando... Con el bebé. ¡Y era una relación monógama! Las tetas no me las podía tocar ni dios. Yo ya tenía mi mejor amante. Estaba completamente enamorada. Me quedaba horas extasiada mirándolo. Ahora veo las fotos de cuando era bebé y no lo reconozco. Yo veía a un ser que abarcaba todo con su belleza y su fragilidad».

Esta entrevista forma también parte de la antología *Relatos Marranos*, editado por ella misma y por Aida I. de Prada en la editorial Pol·len en el 2014. Llevan varias reediciones.

Helena es socióloga, escritora, educadora y activista transfeminista. Es madre de Lucas, hoy adolescente. Se crió en Argentina y vive en Barcelona. Es autora del artículo «El amor en los tiempos del fakebook», publicado en el libro *Transfeminismos* (Txalaparta, 2013) y la novela de autoficción *Autopsia de una langosta* (Melusina, 2009).

Ambas hemos formado parte desde siempre de la escena postporno y transfeminista de Barcelona, Helena ha sido siempre un referente y una fuente de inspiración constante en mi trabajo.

Hablamos por Skype en el verano de 2014 entre Benicàssim y Barcelona.

HELENA: Cuéntame sobre tu proyecto de maternidades subversivas.

MARÍA: Estoy a tope con el tema de maternidad y sexualidad. Acabo de hacer un taller sobre maternidades subversivas[5] en Olba, un pueblo de Teruel y me vinieron todas las maravillosas madres punkis y hippies neo-rurales con sus criaturas y sus partos orgásmicos, sus lactancias orgásmicas, sus vidas orgásmicas... ¡Todo orgásmico!

H: A mí lo que me chirría de lo orgásmico es que no todas tenemos esa experiencia, por mil motivos que no dependen solo de nosotras. Mi parto, por ejemplo, estaba muy bien preparado para tenerlo en casa. Por eso sé que es

5.- En este taller llegamos a una conclusión curiosa: muchas de las mujeres que habían experimentado partos orgásmicos se habían encerrado durante días antes de parir para ver vídeos en youtube de partos orgásmicos. Pensamos que era como un pequeño trabajo de autohipnosis y que sería una buena idea hacer un archivo online con este tipo de material para que las preñadas pudieran acceder fácilmente a él antes de parir.

verdad lo del orgasmo, porque lo viví. Pero acabé en un hospital y de orgásmico no tuvo nada.

Las primeras contracciones me sorprendieron, porque nunca había tenido dolor de regla y no entendía qué pasaba, de dónde venía, qué hacer con eso. Entonces empecé a respirar como había aprendido haciendo Kundalini y desaparecí, volé, de repente estaba en otro lugar donde no había dolor ni ruido. Sabía que había gente y sonidos, pero yo no estaba allí. Supongo que esa sensación es la que abre la posibilidad del orgasmo, de que el dolor devenga placer.

Lo que me resulta frustrante al escuchar hablar del parto orgásmico es que se viva casi como una obligación.

M: Como si no fueses suficientemente estupenda si cuando pares no te corres. Si lo ves de esta manera, es como que tienes que ser Super Woman y cada vez que follas te tienes que correr, y si te corres tienes que eyacular. Esto lo hablamos en el taller y una de las cosas que hicimos fue cambiarle el nombre a «parto extático» en lugar de «parto orgásmico».

De hecho, hay muchos partos en los que las mujeres no llegan a experimentar un orgasmo, pero que durante todo el proceso están en un estado de éxtasis que las mantiene fuera del umbral del dolor. Sería como echar un polvo de puta madre sin correrte. ¿Ha sido un mal polvo? ¡En absoluto!

H: Lo importante es subrayar que en el parto, al igual que en una relación sexual, hay placer. La percepción del dolor, si se dan las condiciones para que sea un parto extático, no tiene nada que ver con la percepción del dolor en otro estado. En ese momento tienes otra sensibilidad, hueles diferente, ves diferente, con otra intensidad. Por eso para mí lo necesario es definir el parto como un acto sexual, más allá (y más acá) del orgasmo.

M: Entender que es parte de tu sexualidad. En mi parto, toda la parte de la dilatación fue maravillosa, conecté con esa sensualidad, esa sexualidad. Estaba a cuatro patas como una osa encima de mi pareja, que estaba tumbada en la cama debajo de mí. Yo le mordía, le chupaba, disfrutaba, dilataba... Había leído que es bueno dilatar la mandíbula porque así se abre la vagina, el útero y el cuello del útero, entonces yo venga a morderle. En fin, toda esta parte la gocé muchísimo, aunque no me acuerdo muy bien de nada.

Luego llegó el momento que llaman «caja de Pandora» que es cuando estás completamente dilatada y entras en la fase del expulsivo. Ese es el momento en el que salen los leones, las fieras, las mariposas o lo que sea que guardas y no sabías que guardabas.

En ese momento, tuve la visión de un hombre, a lo lejos, que era el hombre malo. Yo empecé a decir en voz alta: «Ha venido el hombre malo». Dani me contó que a las comadronas, que estaban muy tranquilas ellas, les cambió la cara. Suerte que estaba presente mi doula, la cual se lo tomó con tranquilidad y se dispuso a echar a este señor con la ayuda de Dani, que ya me conoce.

La cuestión es que con el hombre malo vino el dolor. Un dolor como de otro mundo, que me rompía en dos. Pero fue solo en el expulsivo final, que no fue muy largo, una o dos horas como mucho. Y ya nació Roc.

Yo creo que el hombre malo era el Sr. Patriarcado metido en mi útero. En fin, a pesar de esta intervención, recuerdo mi parto como una experiencia de gozo inmenso.

H: Yo, a pesar de que no parí, fue a partir de mi (no)parto que cambié completamente mi manera de vivir la sexualidad. Y no digo con quién follaba o con quién no, no hablo de una cuestión identitaria (eso vino después), sino de cómo sentía mi cuerpo y qué era un orgasmo. Fue unos tres años después de haber (no)parido que empecé a eyacular como una fuente. Al principio no sabía ni lo que era, con el tiempo me di cuenta de que me pasaba en la adolescencia pero, por vergüenza, lo había anulado. Entonces salió lo que podríamos llamar mi lesbianismo oculto, porque me enrollaba con tías pero políticamente no me sentía lesbiana, no lo sentía como una cuestión mía. En realidad, lo que estaba haciendo era aplacar mi sexualidad, porque no vivía como realmente quería vivir. Pero entonces no lo sabía.

M: Qué interesante lo que me estás diciendo porque esta es una de las cuestiones que surgieron en el taller y que me parece clave: el hecho de que ser madre, haber pasado por esa experiencia (ya sea pariendo o no), hace que folles distinto.

H: Es que la relación que tienes con tu cuerpo, o mejor, la manera en que lo sientes cambia completamente. Yo ya sabía hasta en qué polvo me había quedado preñada. A la semana, todo mi cuerpo había empezado a cambiar. No solo las tetas, todo, los fluidos, cómo se movía la sangre. Parto orgásmico no tuve, ¡pero mi embarazo fue un orgasmo permanente! Follaba todos los días.

Sin embargo, durante el primer año del bebé, yo no quería follar. No podía. Al principio me frustré, no entendía, nunca me había pasado. Hablaba con otras madres y me decían: «Bienvenida al club». Entonces me di cuenta de que no quería follar porque ya estaba follando... con el bebé. ¡Y era una relación monógama! Las tetas no me las podía tocar ni dios. Yo ya tenía mi mejor amante. Estaba completamente enamorada. Me quedaba horas extasiada mirándolo. Cuando ahora veo las fotos de cuando era bebé, no lo reconozco. Yo veía a un ser que abarcaba todo con su belleza y su fragilidad... Es como si estuvieras con alguien con quien has follado, porque es otro cuerpo pero es tu cuerpo, es una sensación que tampoco puedes entender muy bien.

Una amiga, a los pocos meses de parir, cuando nos vimos por primera vez después de su parto, nos abrazamos largo y fuerte hasta que ella me separó, me buscó los ojos detrás de sus lágrimas y me dijo: «Es devastador». Durante el primer año, esa compenetración, esas miradas, ese entenderse, crea momentos en los que si hay padre es un ser aparte, fuera de esa relación. Muchos padres se sienten desplazados, porque es como que tú pasas de él y el bebé tampoco le necesita a él como a ti, como a tu cuerpo... Pero bueno, yo estaba en mi globo. Y así estuve durante tres años. Cuando se me pasó, empecé a follarme hasta las piedras. Entonces supe que esto es lo que nos ocultan: que cuando pares tienes una relación sexual con la criatura.

M: Una relación sexual placentera. Una relación sexual y de amor infinito.
H: ¡Infinito, sí!

M: Tú estás enamoradísima, el placer es máximo, la otra persona está flipando contigo ¡es la relación perfecta! A mí me hizo reflexionar mucho sobre las relaciones románticas que había tenido en mi vida. Y pienso ¡cuánto tiempo he perdido con el amor romántico, con esas relaciones! ¡Cuándo era esto! ¡Esta sensación de plenitud!
H: ¡Ese es el amor!
(¡Pum! Un golpe en el teclado.)

M: ¡Que se nos va la olla, Helen, que se nos va la olla! ¡Nos van a llamar biomadres! ¡Nos van a colgar todas las etiquetas!
(¡Pum! ¡Pum! ¡Pum! Ahora es un libro sobre el escritorio.)
H y M: (Risas).
H: Yo creo que esa relación amorosa tan intensa de la que hablamos es la base para lo que vendrá luego. Porque no vas a estar toda la vida así, eso sería un daño para todos. Pero esa conexión inicial tan fuerte no se diluye, sino que se transforma. Aprendes a soltar. Y de ahí deberíamos aprender que ese amor es verdadero porque ya no necesitas estar con la otra persona: ya estás con ella. Y la posibilidad de soltarte y soltarle está en esa conexión. Y

ahí está también esa comprensión que solo tienes con quienes has tenido una relación muy intensa, y te entiendes más allá y más acá de las palabras.
Si hubo esa conexión tan fuerte, luego no es solo que tú, como madre, le entiendes. La otra persona también te entiende, ella también te conoce.

M: Eso no lo había pensado yo.
H: Es que yo lo estoy viviendo ahora.

M: Cuidado también con esto que dices porque entonces pareciera que una mujer que no quiera o no pueda ser madre no llegaría nunca a saber qué es el amor... Quizás la reflexión aquí sería que cada quien en su vida encuentra las cosas de una forma u otra, y que la maternidad puede llevar a esto, como puede que no. Se trata de no negar ninguna realidad. Es importante respetar las decisiones de las personas, pero por respetarlas no vamos a negar otras realidades.
H: Exacto. Igual que con el parto orgásmico, no estamos planteando modelos ni guías de acción, sino posibilidades, experiencias... No todas las madres tienen que amar a sus hijos o hijas. Pueden criarles con cariño y no estar perdidamente enamoradas. Puede que te pase o puede que no, no hay que negar ninguna de estas posibilidades. Los modelos siempre son frustrantes. Siempre dejan algo fuera. ¿Qué pasa si le rechazas, si no soportas esa criatura berreante, si odias tu tripa gigante, los pasos pesados y los culos por limpiar? Te machacan como machacan a la que le da el pecho hasta los 3 años...

M: Pero es que los modelos estándar de crianza, al menos en la parte del mundo en la que yo vivo, parten de la negación de la posibilidad de ese enamoramiento. Estos modelos de crianza plantean que, como tarde, al año se empiece con la guardería, por ejemplo. Cuanto antes te quites a la criatura de encima, mejor. ¿Y qué pasa si estoy enamoradísima y no me quiero separar de ella? Es un tema delicado. Yo creo que todos los problemas que conlleva la crianza tienen sus raíces en la relación de pareja estable y monógama que no funciona con la maternidad.

H: Y es ese modelo relacional de pareja estable monógama el que necesita negar la sexualidad durante la maternidad. Y no solo en ese momento, sino que luego está la negación de la sexualidad durante la infancia. Fíjate que, cuando te preguntan cuándo has tenido tu primera experiencia sexual, te están preguntando por el coito, por un polvo con alguien, ya que antes de eso se supone que la sexualidad no existe. Pero ¡si hasta los bebés se hacen pajas! Y luego está ese explorar de los cuerpos entre la madre y la criatura... tocarse, mimarse, descubrirse.

M: Eso causa mucho terror. Tengo una colega que es terapeuta y madre, una tía muy bien puesta. Me contaba sobre estas interacciones sexuales con su hijo que deja que él explore su cuerpo, incluida la zona genital. Ella decía que la diferencia entre un contacto saludable y natural, y otro que no lo es, está en la posición de la madre. Es muy diferente cuando la madre permite que su hijo explore su sexualidad sin involucrar la suya propia como mujer, a que la madre –en su confusión– juegue al juego que está jugando el niño poniéndose de igual a igual.

H: También es importante no perder nunca de vista el contexto. Es decir, cuando la situación se complica porque tanto la madre como la criatura viven en una sociedad en la que ese acompañamiento a descubrir la sexualidad es considerado una aberración. Entonces tienes que parar, o tener cuidado, porque esa persona a la que acompañas es muy pequeña como para ir por el mundo diciendo que se quiere follar a su madre y que el mundo no piense que eso es una perversión imperdonable.

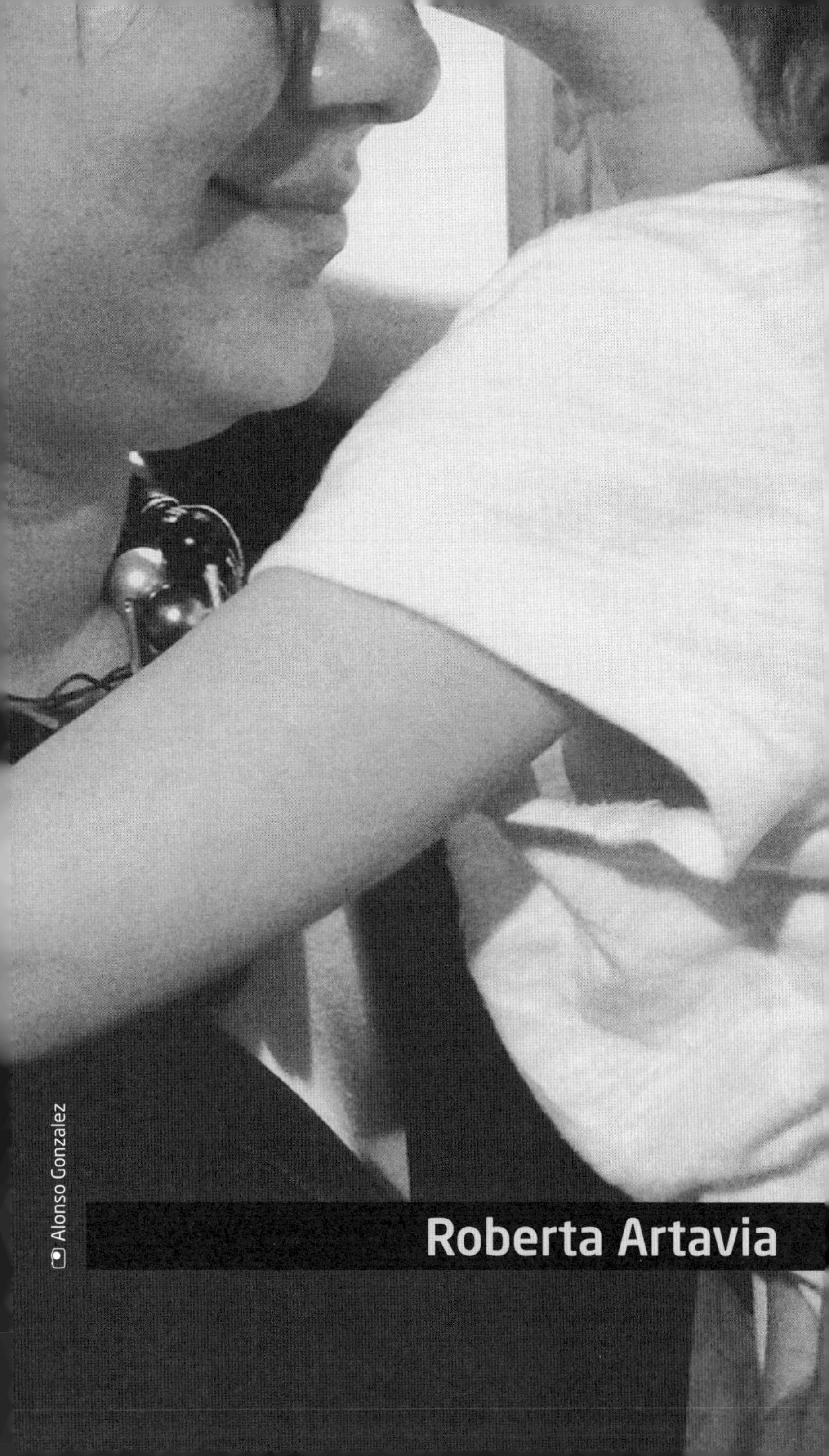

Alonso Gonzalez

Roberta Artavia

AMARNOS EN TODAS LAS FACETAS de la maternidad es una revolución feminista y un golpe al sistema. Dentro del feminismo más radical hablamos del amor romántico como una de las lacras de la sociedad patriarcal en la que vivimos en tanto que perpetúa estereotipos de género sexistas –y es la excusa social esgrimida para los asesinatos masivos de mujeres–.

A nivel personal, siento que el goce del amor que buscaba infructuosamente en las relaciones lo he encontrado en el amor a mi criatura. Ese es el amor incondicional y eterno que anhelaba. Y yo veo que el padre de mi criatura lo siente de forma similar y somos capaces de gozarlo juntos. Y que no se eche nadie las manos a la cabeza, cada persona es capaz de encontrar el amor en lugares diferentes, ¡afortunadamente!

Roberta Artavia nos presenta una vivencia de la maternidad que la llevó a sentir el amor como fuerza revolucionaria y a empoderarse como mujer feminista. Roberta nos habla de la necesidad de crear alianzas entre nosotras, de la sorori-

> «Se dice que las mujeres son la revolución dentro de la revolución. Las madres somos la revolución dentro de la revolución dentro de la revolución».

dad, de la imposibilidad de avanzar en la lucha feminista si esta no incluye a las madres y a las criaturas.

Pero Roberta habla también de ser capaz de crecer y ser mejor persona a través de la maternidad, habla de la reconexión con su propia sexualidad y con su propio yo. Algo en lo que me siento muy identificada, en tanto que a mí la maternidad me ha ayudado también a encontrarme a mí misma, a sentir de forma clara lo que necesitaba y lo que no, me ha ayudado a ser más feliz.

Roberta Artavia es activista feminista en Costa Rica. Es madre de una niña que vino a romper en añicos la que era su vida para construir una nueva, llena de poder y «¡gracias a las diosas que lo hizo!».

Roberta me escribió una larga carta cuando se enteró de la existencia de este proyecto. Sus palabras me conmovieron intensamente y sentí que ella era una parte fundamental de este libro.

Responde a mis preguntas por correo electrónico desde Costa Rica en el otoño de 2014.

MARÍA: ¿Quién es Roberta?

ROBERTA: Yo soy hija de pastores evangélicos, de un padre agresor y una madre sumisa y sobreprotectora. Siempre sentí que la vida era para desobedecer, que el sistema estaba mal, pero no tuve más formación ideológica que la de los cristianos ortodoxos durante toda mi niñez y parte de la adolescencia. Creo que siempre me resto crédito cuando me recuerdo a los quince o dieciséis. Ya para ese entonces –sin haberme formado como feminista o en movimientos de izquierda–, cuestionaba muchas de las reglas de oro que se me habían inculcado. No las cuestionaba como típicamente lo hacen los adolescentes, para evadirlas sin mayor análisis que el «no quiero», sino que las cuestionaba tratando de entender su origen, sus usos políticos en la época en que se originaron y

por qué yo decidía arrancármelas de la piel para poder respirar.
Nunca nadie habló conmigo de sexo o de mujeres empoderadas, se me enseñó durante décadas que el único papel que podía tener una mujer en la vida era el de ser ama de casa, madre y esposa, y que si elegía cualquier otro camino, la consecuencia sería renunciar a la felicidad y al «verdadero amor». Viví mucho tiempo creyendo que desobedecía, interpretando el único otro papel que creía que podía asumir una mujer: el de la puta, la mala, la quita-maridos...
Mi hija nació y me cambió el mundo, me destruyó. ¡Gracias a las diosas que lo hizo! Toda yo era una mala aleación de cosas que no me gustaban y que había acumulado para conseguir amor, porque yo misma no me amaba. Mi hija me hizo parar, me hizo respirar, me hizo dejar de seguir esa lógica universal de vivir en pos de la única motivación que según la regla capitalista parece valerlo: el dinero, llámale crecimiento profesional, éxito, ambiciones, cualquier nombre mono... Al final son solo números en tu cuenta bancaria.
Mi hija me hace detenerme en medio de una carrera para alcanzar el autobús (que pasa cada hora), para ver una mariposa o para alcanzarle una flor y, al final, aunque el bus pase y no logremos subirnos... ¡Ya no importa!
Mi hija hace que mi vida gire en torno a otras motivaciones más poderosas que las materiales: el amor, la sororidad, la solidaridad. Vaya capacidad tienen lxs hijxs para volvernos socialistas, humanistas, feministas... si nos dejamos seducir por ellxs, si detenemos nuestro ritmo acelerado y lxs miramos fijamente mientras juegan, mientras nos hablan, si nos dejamos besar y abrazar por ellxs sin mirar el reloj o sin estar pendientes de las llamadas y mensajes del celular.
¿No te parece revolucionario? ¿No crees que es un golpe al sistema detenerse y ser niñx un par de horas

al día? Yo creía que la fuerza transformadora de la crianza con apego residía en cambiar la vida de el/la niñx, criando un/a humanx críticx, consiente, amorosx... No sé, aún, cuánto vaya a cambiarle la vida a mi nena en comparación con lxs peques que no fueron criadxs por madres canguro, pero a mí la experiencia de la crianza con apego y subversiva me ha cambiado la vida. Y eso es algo que nunca podré parar de agradecerles a todas aquellas mujeres que me enseñaron el camino.

M: Háblame de cómo es ser madre en Costa Rica.

R: Costa Rica es un país abiertamente machista, religioso e hipócrita. La maternidad aquí implica, en la mayoría de los casos, la incapacidad para avanzar en todos los demás ámbitos de la vida.

Se les exige a las madres ser «puras» y consagradas a su hogar y a su marido (porque ser madre soltera está terriblemente mal visto aún). No se les habla a las mujeres de los cambios que conlleva el puerperio en la vida sexual, ni se les habla de cómo recuperar el deseo sexual o de lo normal que es sentirse con pocas ganas de follar en la época en la que nos encontramos amamantando. Lo que produce miedo, inseguridad y hasta violaciones sistemáticas por parte de las parejas que ni siquiera saben que su compañera no desea mantener relaciones en ese momento.

Cuando una mujer joven da a luz, la suegra y la madre de la joven asumen un papel protagónico en la vida de esta y el/la recién nacidx. Con «buenas intenciones» replican mitos, imponen sus creencias por encima de las de la mujer en lo que respecta a postparto, lactancia materna y crianza del/la menor. Esto produce una «castración emocional» en la que la mujer no tiene la oportunidad de seguir sus instintos, de amar a su hijx como se lo piden las entrañas.

La educación con respecto a la maternidad, paternidad y temas relacionados va dirigida únicamente a las madres y futuras madres, excluyendo y desinformando a los varones, quienes pocas veces se involucran en la crianza de sus hijxs. En Costa Rica, un embarazo es casi siempre sinónimo de maternidad para las mujeres pobres, ya que el aborto es ilegal.

M: ¿Cómo fue para ti serlo?

R: Dejé a mi madre involucrarse demasiado en mi maternidad, sufrí violencia obstétrica y depresión posparto. No lograba sentirme la madre de mi hija.

Debido a múltiples ideas preconcebidas acerca de la «santidad» que debe rodear a las madres, mi pareja sentimental no lograba sentirse sexualmente estimulado durante mi embarazo, así que desde la semana veinte no pudimos volver a tener sexo. Como era de esperarse, teníamos demasiadas expectativas en recuperarnos una vez que yo pariera. Luego del parto yo no tenía deseo sexual en absoluto, pero fingía tenerlo y fingía orgasmos. Lloraba al sentirme violada por alguien que no sabía cómo me sentía yo, me culpaba. Luego mi pareja empezó a notar mi molestia y se preocupaba de que fueran síntomas de falta de amor o de que tuviera a alguien más.

Subí 20 kilos debido a la depresión posparto, la relación de dependencia con mi madre y mis problemas sexuales. Durante ese sube y baja emocional, descubrí que estaba embarazada de nuevo. ¡Ahí empezó la subversión! Esa noche hablé con mi pareja y le dije que yo no tenía la capacidad emocional de traer otro ser humano al mundo, que si él no me apoyaba en la decisión de abortar, yo igual lo iba a hacer. Él me miró y a pesar de todos los problemas de pareja que estábamos teniendo, me dijo: «¿Qué necesitas que haga?». Al día siguiente y, a pesar de ser ilegal en mi país, aborté con Misoprostol. Seguí las

instrucciones de *womanonwaves.org* y compré el medicamento clandestinamente.
Aborté con mi pareja, con mucho miedo y con ganas de que todo acabara. Con la educación cristiana que me gritaba en el pecho que estaba pecando, matando, que era asquerosa, con miedo de que mi madre supiera, de que la policía supiera, con la ansiedad de no saber qué esperar, el temor de morir desangrada. Después de algunas contracciones y mucho esperar, el aborto era definitivo.
Vi esto como una oportunidad que el feminismo y unas mujeres maravillosas me trajeron a mí. Decidí que la maternidad era mía y que no iba a permitir que nadie me la arrebatara.
Justo durante esa época, un centro comercial le prohibió a una madre que amamantara en público y unas feministas locas decidieron hacer una manifestación, amamantando a sus hijxs en ese lugar, para hacer saber su malestar. Oí la convocatoria y sentí que era mi oportunidad de saldar mi deuda con el feminismo, de ayudar a otra mujer de la manera desinteresada en que lo hicieron las de *womanonwaves.org* conmigo.
Fui a la manifestación y conocí a muchas mujeres madres, empoderadas, plenas en su sexualidad, felices, enamoradas de sus peques. Hablamos de que era necesario seguir reuniéndonos y así nació la Tribu: abrimos un grupo de Facebook, un grupo de Whatsapp, nos llamábamos, nos contábamos las inquietudes, los miedos, compartíamos recetas y recomendaciones de libros, medicamentos, lugares... Poco a poco mi madre fue retirándose de la escena, con sus reclamos, con sus exigencias, sus reproches y su religiosidad y dio paso a estas mujeres que no me culpaban, que me apoyaban y que en cada momento de debilidad me mandaban abrazos en la distancia.
Hice de la crianza con apego mi Biblia y poco a poco la relación con mi hija se fue recuperando. Aprendí a amar-

la y a borrar esa idea de crianza que me decía que con ella se acababa mi vida, porque mi vida apenas empezaba. Con el tiempo nos hemos vuelto excelentes amigas.

Poco después, como recomendación de una amiga de la Tribu, empecé a leer el libro *Sexo para uno*, de Betty Dobson. Durante el tiempo que traté de mejorar mi situación sexual con mi pareja, solo pensaba en tratar cosas nuevas, en «ser mejor», nunca pensé en que conocerme yo primero era posiblemente la mejor opción. Creo que porque la masturbación era una idea «asquerosa» desde el punto de vista cristiano con el que crecí.

Conforme pasaba las páginas de este libro, se me despertaba la curiosidad y empecé a explorar mi cuerpo. Concluyendo con una estampida de energía sexual que se extendió a mi pareja.

La Tribu sigue y cada vez realizamos más proyectos y ayudamos a criar más hijxs; he bajado diez kilos, pude poner límites con mi madre y decidí dejar atrás mis ideas cristianas y mis límites en cuanto a la sexualidad ligados a mi maternidad. Y fui y soy muy feliz.

M: Es muy doloroso que la frustración en lo maternal de tu madre tenga que ser heredada por ti. Creo que es muy importante tu vivencia, porque rompes una cadena de abuso negándote a reproducir una maternidad castradora y patriarcal. Cada vez me voy dando más cuenta de que una tiene que trabajarse mucho a nivel profundo en procesos terapéuticos para no pasarle a sus hijos sus sombras en una cadena sin sentido. Hablo de represión, pero también de abuso sexual y violencia vividos en la infancia. A saber lo que tuvo que vivir tu madre de niña y el origen de su falta de cuidados saludables emocionalmente hacia ti. Desde el feminismo tenemos que ser muy conscientes de la importancia de romper las cadenas de abusos entre generaciones. ¿Has encontrado problemas en tu activismo feminista por ser madre? ¿Cómo crees que se compagina ser madre y feminista? ¿Cómo podemos hacerlo mejor?

R: Además de la Tribu, pertenezco a otras organizaciones feministas y a un partido político feminista. En la Tribu todas somos madres, por lo cual nunca me he sentido discriminada. En el resto de grupos, la mayoría de feministas no son madres y ven con desprecio a quienes lo son. Esa es la cruel verdad. Nos consideran pro sistema por dejarnos embarazar de un macho y no entienden nuestras necesidades y las de nuestxs hijxs. Dentro del partido político al que pertenezco, hemos tratado de promover iniciativas como la guardería durante las asambleas (esperamos que pronto se apruebe), pero la realidad es que muchas veces he pasado de invitaciones, reuniones, giras... por mi hija y eso conlleva un estigma de que las madres «no nos comprometemos lo suficiente».

M: En vez de ayudarnos para que podamos maternar mejor, se nos culpabiliza. Estrategia misógina implementada por esta sociedad en lo cotidiano... Cuéntame más sobre cómo has luchado por vivir una maternidad subversiva.

R: Leo de sexo y hablo de sexo. Disfruto del sexo en solitario y en pareja. Aconsejo a otras mujeres y recibo consejo. Decidí no seguir adelante con mi segundo embarazo. Crio a mi hija sin limitaciones debido a su género. Lucho por la igualdad de género al lado de mi hija, no acepto machismo en mi casa, no dejo que nadie decida por mí. Sigo estudiando, trabajando. Pero, sobre todo, dejé de verme como una víctima. Se puede luchar siendo madre. Es el triple de difícil de lo que sería para otrxs, se avanza más lento, pero con la motivación de una criaturita a la que le debes un mejor mundo. Se dice que las mujeres son la revolución dentro de la revolución. Las madres somos la revolución dentro de la revolución dentro de la revolución. Yo no voy a callar ante este sistema patriarcal que nos acecha, no me voy a quedar en mi casa como muchos quieren, no me voy a retirar de las luchas. Nosotras luchamos juntas.

¡NO PASARÁN!

María Olivella

Fannie Sosa

Maternidad y de-colonialismo
Partenogénesis

Érase una vez una sociedad matriarcal en la que la naturaleza y lo materno eran considerados sagrados. Era una sociedad nómada, que se vio obligada a inventar la agricultura y la ganadería para hacer frente a unas condiciones climatológicas que se volvieron adversas. Este nuevo tipo de organización social conllevó el cambio a la sociedad patriarcal en la que hoy vivimos, ya que surgieron la propiedad privada, la herencia y el matrimonio, y con ellos, el control de la sexualidad de las mujeres. Este último aseguraba la paternidad biológica, que hasta el momento no había sido importante, ya que lxs hijxs se criaban en comunidad, y en la abundancia.

La concepción de maternidad que se inscribe en dicho escenario –patriarcal, capitalista– es una maternidad desempoderada: es la madre patriarcal libidinalmente aséptica. Nuestros úteros han perdido la capacidad de sentir placer, sentimos dolor menstruando, pariendo y hasta criando, ¡pero nuestros cuerpos están hechos para sentir placer en cada uno de esos estadios! Subvertir esta espiral de dolor es re-conectar con nuestra capacidad creadora de vida, que era el eje fundamental de las sociedades matriarcales.

> «Danzas como la del vientre, o el *twerk*, son técnicas anticonceptivas y abortivas».

La maternidad es un estadio sexual, sí, y aquí me van a dejar que me ponga mística o más bien tántrica, pero esa sexualidad gozosa supone una experiencia de espiritualidad trascendental en profunda conexión con la naturaleza y el universo. La maternidad subversiva es sexualidad gozosa, transfeminismo, ecología, eco-sexualidad, espiritualidad, sanación y magia.

Fannie Sosa aborda todos estos temas, desde la de-colonización cuerpo-mente y la necesidad de restablecer la relación con lo materno sagrado desde el feminismo. Su trabajo es fundamental para recuperar la historia perdida del matriarcado, a través de una revalorización de la energía materna y de una visión del feminismo de-colonial que ella nombra como re-indígena.

También aborda un tema que me parece crucial para subvertir la visión limitante de la maternidad que nos ofrece la historia patriarcal: la partenogénesis, el proceso por el cual las diosas de la antigüedad se quedaban embarazadas por sí mismas.

Fannie es la creadora, junto a Poussy Draama, de un vídeo viral en internet que se llama *Baby, Love your body!*, en el que se explica la sexualidad a los niños abordando temas inusuales –en la pedagogía infantil– como el consentimiento y la posibilidad de disfrutar del sexo en soledad, a dos o en grupo.

Fannie Sosa es una estudiante de doctorado en París –su tema es el *twerk*[6] y las nuevas estrategias de descolonización–. También es activista, artista y curandera.

Nos conocemos a través de amigos comunes en Rio de Janeiro –los talentosos y maravillosos Eduardo Bonito e Isabel Ferreira–.

6.- El *twerk* es un baile originario de New Orleans y de la *bounce culture*. En los años noventa, el hip hop y el *rhythm and blues mainstream* se apropiaron de esta escena y la transformaron en un lugar exclusivo de la mirada masculina, cuando en realidad el *twerk* era una manera de resistir y de recordar (como el blues, el jazz, la capoeira, etc.) las prácticas de la diáspora africana.

Hacemos esta entrevista por chat entre Canadá y Argentina a finales de 2014.

MARÍA: Existe un tabú tremendo con el tema de la sexualidad en la infancia.

FANNIE: La palabra tabú es muy interesante. Viene del polinesio *tapu, tupua*. Son lenguas del sudeste del Pacífico. De hecho significa «sagrado, no prohibido». El etnógrafo blanco lo traduce como sagrado en casi cualquier otro ámbito, como la guerra, o el trueque. Cuando son hombres blancos estudiando hombres de color, ya suele haber confusiones y traducciones castradoras. Imagínate pues cuando son hombres blancos estudiando a mujeres de color....

Por ejemplo, cuando el etnógrafo blanco se encuentra con los espacios dedicados a las mujeres lunantes[7] de las sociedades maorí, lo traduce como «prohibido», interpretando que el hecho de que las mujeres maorí se retiren a un determinado espacio cuando menstrúan se debe a una prohibición de estar en los espacios comunes. Sin embargo, estas mujeres se retiran porque se considera que las lunas-menstruaciones son sagradas y se retiran de la vida «noa» (mundana) para aprovechar esa bendición que es el cuerpo lunante poderosísimo, que conecta con la vida (fertilidad, juventud) y con la muerte (tiempo que pasa, ausencia de fertilización).

La cosmología maorí está muy centrada en las relaciones con la tierra y los ancestros, y se consideraba que las mujeres lunantes-menstruantes eran las que portaban la genealogía del clan. Así, las mujeres en estos espacios se dedicaban a investigar y estudiar la genealogía (el pasado), a tener visiones sobre el futuro político, a cuidarse y ser cuidadas por el resto del clan (el presente). Era como la universidad de la sangre menstrual.

7.- Menstruantes.

M: Yo encuentro una fuerte conexión entre la espiritualidad, la sexualidad y lo materno.

F: Pienso que cuando el feminismo nos presenta el embarazo y la maternidad como inherentemente opresivos se vende una campaña de desinformación. Es tan retorcido. Para mí el acto de crear vida es un acto subversivo. Tal y como me voy empoderando en mi feminidad me doy cuenta de que estoy hecha para construir, para maternar, para crear. La energía materna, por su fuerza de creación incontrolable, está siendo perseguida. Especialmente en las comunidades indígenas y aquellas personas que quieren tomar una posición re-indígena (*to re-indigenise*). Re-indígena es mi nuevo término favorito. Un término complementario a decolonizar.

M: Cuéntame cómo surgió la necesidad de trabajar sobre la sexualidad y lxs niñxs.

F: Poussy y yo nos conocimos hace un año y medio. Yo estaba con el corazón roto y la llamé porque ella había salido con el rompecorazones. Yo no la conocía pero hablamos una hora y, a partir de ahí, estuvimos en contacto casi cotidiano a través de las redes sociales. Al cabo de unos meses, me pidió si podía estar en una performance suya sobre los videojuegos. Yo le contesté que nunca había hecho ninguna performance «conceptual» y, encima, dirigida por otra persona, pero que estaba dispuesta a intentarlo. Cuando nos encontramos en la sala de ensayo nos dimos cuenta muy rápido que la performance estaba entre nosotras dos. Nuestras ideas, nuestra risa, nuestra rabia, nuestros cuerpos. La barbie rubia y la morena. Cambiamos de rumbo y escribimos la pieza «I still believe» en una semana y la presentamos *very soon after*. Creo que para las dos fue una revelación compartir y crear así. Fue una mezcla de conferencia, performance, tomadura de pelo y crítica seria. Sobre sexualidad, sistemas de saber, poder y control, internet, *agency*, paz, sanación y libertad. Poco a poco, nos fuimos constituyendo como las *enfants terribles* de un cierto círculo de arte francés o europeo, porque ni Poussy ni yo sentimos necesidad de correr la coneja institucional. Accedimos a un poco de visibilidad y entonces nos empezamos a preguntar: «¿A quién queremos hablarle? ¿A un círculo cerrado de "iniciados" del arte?». Eso fue después de nuestra segunda residencia *The school of no big deal. School of no big deal* fue un nombre que se le ocurrió a Christian, mi pareja, sobre la dimensión pedagógica de nuestra misión artística, que vendría a ser una escuela para desaprender conductas que son un *big deal* (temas relevantes o «temazos») en nuestra cultura: capitalismo, patriarcado, sexualidad, infancia, la propiedad privada o intelectual, feminismo... Nos dimos cuenta de que una parte central de lo que nos interesaba era la transmisión de saberes placenteros, la transmisión de los saberes que hemos desarrollado en nuestra vida en tanto que *femme*, queer, curanderas... Creo que hay mucha transmisión de, por ejemplo, cómo decir «no» en lo que es educación sexual. Se nos enseña que el sexo es algo que da miedo, peligroso, difícil de manejar y de navegar, y potencialmente desastroso. Al mismo tiempo, se nos atosiga con imágenes de ciertos actos y lugares de enunciación sexuales que edifican nuestro deseo.

M: La educación sexual enseña solo sobre las enfermedades y contracepción, como dice muy acertadamente la escritora y sexóloga feminista Valerie Tasso.

F: Exacto. Nunca enseña sobre el placer. Y de manera unilateral se nos enseña que son las mujeres las que dicen no. El consentimiento de manera unilateral. Eso crea una enorme frustración sexual. Wilhelm Reich habla mucho sobre eso, la creación de frustración sexual por los gobiernos fascistas y cómo eso crea fanatismo en el ciudadano.

M: Casilda Rodrigáñez, en su libro *El deseo materno y la génesis del estado de sumisión inconsciente,* habla también de ese tema basándose en las teorías de Reich. Ella dice que anulando la relación placer-amor-sexualidad que se establece de forma natural entre la madre y su hijo, se crean individuos sumisos al sistema, que es la base del capitalismo. La forma de anularla es medicalizar los partos y apartar a la madre del bebé. Dice que esa es la base del patriarcado, anular esa relación libidinal primaria ente madre e hijx.

F: Privatizar el cuerpo fértil y privatizar los saberes relacionados al cuerpo fértil. Yo creo que el capitalismo es un gobierno fascista y que se manufactura frustración sexual para mantenernos consumiendo. Cuando la sexualidad está al servicio de la mirada patriarcal es aceptada y estimulada. Cuando la sexualidad está a nuestro servicio, al de la sanación y de la autonomía... ¡la caza de brujas! Todo esto lo veníamos hablando con Poussy, desde siempre. Nos dijimos que por qué seguir tratando de gritar con rabia a adultos sumisos, cuando ambas siempre tuvimos relaciones muy fluidas con lxs niñxs. A mí siempre me encantó hablar CON ellos y no A ellos. Y ahí, uniendo hilos, de cansancio y entusiasmo al mismo tiempo, nos dijimos por qué no hablar a lxs niñxs ahora. Por supuesto, por lo menos a mí, me encanta decirle *fuck you* al *establishment* de manera constructiva, con una sonrisa. Rápidamente nos dijimos que, por un lado, no queríamos ser moralizadoras o llevar un mensaje tipo «niñxs: recuerden siempre que...». Nos dijimos una vez más: «Vamos a hablar con lxs niñxs, con nuestra niña interior». Cómo me hubiese gustado a mí ver eso cuando era niña.

M: Y a mí, no solo me hubiese gustado, me hubiera ayudado tanto a construir mi sexualidad de una forma positiva y no desde lo prohibido, el morbo, lo que está mal...

F: Otra de las cosas que nos vinieron a la mente también fue la ausencia de niñxs en nuestra vida. Evolucionamos completamente separadas de la infancia y de la vejez. A mí me hacen mucha falta las otras generaciones.

M: ... ¡Para la crianza es terrible también! Se cría en soledad y aislamiento.

F: Yo ahora miro a las madres alrededor mío y se castiga tanto. Se aplican mini castigos todo el tiempo. A veces en el transporte público me doy cuenta que lxs niñxs están siempre sometidxs o recompensadxs. Yo no tengo hijxs, pero me parece tan evidente. Por ejemplo, eso de dejarlxs llorar por la noche. ¿A quién se le ocurre? Se nos hace un lavado de cerebro para formatear a lxs niñxs para que sean trabajadorxs y colaboradorxs capitalistas desde la cuna.

M: Ese método de dejarles llorar por la noche es una barbaridad, viene de los adiestramientos de perros (tampoco se lo merecen los perros, pero bueno). Hay otras alternativas que se están implementando: la crianza con apego, la crianza sin castigos ni recompensas... Háblame de la respuesta de algún/a niñx al vídeo que os haya parecido especial o bonita.

F: Nos han llegado muchas reacciones de niñxs riendo a carcajadas y pidiendo verlo de nuevo una y otra vez. Lamentablemente hemos tenido mucha resistencia por parte de los familiares. Incluso de los que pensábamos que eran más afines a nuestra concepción de la sexualidad «adulta». Pero el tema de la sexualidad y la infancia es como que pone el dedo en la llaga. Creo que mucha gente está asustada de la pedofilia y hacen una equivalencia entre educación sexual positiva y pedofilia. Eso me ha dolido mucho.

M: Sí, parece que hablar de sexualidad en la infancia equivale a hablar de pedofilia, como si hablar de sexualidad adulta equivaliera SOLO a hablar de violación.

F: Exacto, o hablar de consentimiento fuese solo hablar de trauma. ¡El odio que recibimos fue muy intenso!

M: Lxs niñxs tienen su propia sexualidad, la viven a su manera, desde que nacen. Es una sexualidad distinta a la de lxs adultxs, que a veces parece que lo único que entienden por sexualidad es el coito.

F: Yo me acuerdo de trepar en la plaza. A los tres años yo trepaba la estructura de las hamacas, que serían de tres o cuatro metros, porque tenía orgasmos increíbles. Yo lo había olvidado hasta que una vez a los 22 años trepé una barra de *pole dancing* e hice esa fuerza abdominal. Luego me reía porque me acordaba de mi abuela diciendo «esta niña tan pequeña y ya trepa tan alto». Y yo meta orgasmos. Meta es una expresión argentina, como un orgasmo detrás del otro.

M: Yo jugaba con una amiga a darnos palmadas en el culo, una se ponía de rodillas frente al sofá y la otra dale que te pego. ¡Nos lo pasábamos genial! Lamentablemente su abuelo abusó de mí y me jodió mi capacidad de masturbarme en el futuro, porque él me masturbaba a mí y pasé a odiarlo.

F: Creo que es la frustración sexual la que crea abusos, no una actitud positiva hacia la sexualidad.

M: Aletha Solter dice en el libro de *The aware baby* que un adulto que siente el deseo de abusar sexualmente de una criatura es un adulto que probablemente fue abusado de pequeño, y trata el tema con mucha naturalidad. Te dice simplemente que, en primer lugar, cuando sientas el deseo, no lo hagas. Y, en segundo lugar, que pidas ayuda profesional para poder superarlo. Yo creo que también hay que desestigmatizar nuestras sombras. Yo lo he sentido con mi criatura, como madre. Cuando mi hijo era muy pequeño, entendí que había sufrido abusos siendo yo misma un bebé, por los sentimientos que se generaban dentro de mí. Hay que romper los círculos de abusos y de dolor, plantándoles cara sin miedo. Quedarse en la negación de lo que estás sintiendo hace que continúe la espiral de dolor.

F: Yo creo que eso es una forma sencilla de resumir qué es lo que está pasando. La persecución, por miedo, de la Energía Madre Positiva. La que se dice a ella misma, a su criatura y al mundo: «Esta energía enferma va a parar conmigo». La que no pega a su criatura, aunque le hayan pegado a ella. Energía creativa, no reactiva. Es difícil a veces no caer en esencialismos, pero yo poco a poco voy articulando energías complementarias.

Me explico. La energía reactiva es la ejecutiva. Por ejemplo, cuando éramos cazadores recolectores, nómadas o seminómadas, los «cazadores» eran la energía ejecutiva, «masculina», pero obviamente no era una división de género, sino de función social. Los cazadores iban hacia el exterior, ejecutaban y traían información hacia el interior (de la *psyché*, del *village*, del cuerpo); y los recolectores era la función interpretativa, cognitiva, que para mí simboliza el hecho de tejer. Tejer saberes, centrar, dar forma, crear útiles. Entonces esta función cognitiva era reverenciada en la mujer, la cual en ese entonces era admirada porque no se veía la asociación entre el sexo y la maternidad. Se creía que la mujer era la única que daba vida, de ahí yo creo que viene el mito de la inmaculada concepción, aunque obviamente esto es visto a través de la óptica patriarcal... «Inmaculada», como si el sexo fuese una mancha.

De hecho, la palabra «virgen» es del mismo origen etimológico que «viril», lo cual significa independiente. O sea, que era la mujer que no estaba casada, era «una en sí misma», no pertenecía a un marido. La virgen no era la mujer casta, sino la mujer sexualmente independiente y autónoma. He pensado mucho en que todas las madres de los grandes profetas –Buddha, Mohammed, Jesús, etc.– eran vírgenes, es decir, fueron madres independientes que les enseñaron a sus hijos el poder del amor. Yo creo que no es mito, debe haber sido verdad, que la partenogénesis existía. Tú estás muy interesada en ese tema, ¿verdad? Cuéntame más sobre su historia y en qué consiste.

M: Sí, me parece clave para re-pensar la maternidad. La partenogénesis es el proceso por el que una mujer o persona con útero es capaz de quedarse embarazada sin la aportación masculina. El óvulo comienza a dividirse por sí mismo, a través de un impulso eléctrico. Por lo visto otras especies animales pueden hacerlo y hasta se ha experimentado en laboratorio positivamente con óvulos humanos, pero este no es el tema que nos interesa en este libro. La parte que me parece que debemos rescatar es la parte que se refiere a la historia de la humanidad, en la que los logros femeninos, sean a nivel mitológico o a cualquier otro nivel, son silenciados.
Una reconocida experta en el tema es la californiana Marguerite Rigoglioso, autora de los libros *The Cult of Divine Birth in Ancient Greece* y *Virgin Mother Goddesses of Antiquity*. En su tesis doctoral, Rigoglioso muestra las evidencias de que las diosas de la antigüedad griegas eran capaces de reproducirse de forma autónoma. Esa era la forma que tenían de parir a dioses. Las mujeres se entrenaban desde pequeñas y concebían por partenogénesis a través de prácticas de meditación profunda. Luego el patriarcado re-escribió la historia, y atribuyó esos embarazos «milagrosos» a violaciones, palomas o rayos de luz aplicados por un dios-macho o todo tipo de despropósitos.

F: Estoy leyendo un libro muy esclarecedor sobre el origen del patriarcado: *Saharasia*, aunque el autor es claramente pro América e islamofóbico. Cuenta que, contrariamente a lo que asumimos, el ser humano vivía en sociedades pacíficas en el jardín del Edén. Ese jardín en realidad es la región de Saharasia que hoy es un desierto pero que, hace 15.000 años, era una tierra verde y fértil, con condiciones óptimas para la subsistencia de los cazadores-recolectores. Estas sociedades adoraban a la diosa naturaleza, a la energía madre, la unicidad, etc. Lo que pasó luego fue un cambio climático que transformó el edén en desierto. En esa transición que duró miles de años se inventó la agricultura, porque las sociedades ya no podían ser nómadas y estar en relación de adaptación con la naturaleza. Tuvieron que empezar a dominarla. Al mismo tiempo, se sintieron castigados al marchitarse todo a su alrededor y de ahí surgió la noción de «pecado»; el famoso «pecado original» vino a denominar esa relación con el placer y la abundancia y la adoración de la naturaleza. Y ¡bum! se acabó el culto a la diosa y nacieron las religiones abrahámicas, las cuales son religiones de zonas áridas, desérticas. Entonces dios pasó a ser un padre punitivo en vez de una madre adoradora. Con la agricultura, el tema de la fuerza ejecutiva se puso en primer plano, no solo para dominar la tierra sino para proteger lo que ahora era propiedad privada. Al devenir sedentarias, las sociedades dejaron de considerar la tierra un bien común y, al dominarla, empezaron a tratarla como propiedad.

M: Restaurar una sociedad matriarcal entonces pasaría por restaurar una sociedad conectada con la naturaleza; ecología y matriarcado: ¡ecofeminismo! O *Eco-sex*, como lo llaman Annie Sprinkle y Beth Stephens. Me gusta que la ecología aparezca cuando hablamos de feminismo.

F: El patriarcado (y la pérdida de la sociedad matriarcal) fue una consecuencia de cambios climáticos y no la «naturaleza» del ser humano, como nos quisieron hacer creer Freud y Darwin, entre otros. Está todo conectado, por eso se me hace difícil escribir también con una metodología y un lenguaje decoloniales. Yo estoy haciendo el doctorado en París y me piden escribir de manera «objetiva», científica. Y esa exigencia de objetividad, objectiviza el saber, borra la identidad de quien lo está emitiendo. Por ejemplo, el «nosotros» académico: «hemos llegado a la conclusión...». En francés se escribe así en la producción de teoría, en disertaciones. Para mí, es un acto de cobardía, ya que borra la identidad del observador instaurando una asimetría de poder, como si el saber transmitido fuese universal. Ese nosotros universal obviamente es masculino, blanco, heterosexual (nada que ver con el «nosotras»).

Entonces, enlazando con lo que te decía al principio de la entrevista sobre la palabra tabú, es un claro ejemplo de cómo la identidad del observador, en este caso un etnógrafo blanco europeo, viene a ser tomada como «neutra» o «central». Así, se inicia una campaña de desinformación enorme al traducir, al «observar». Lo que se «observa» es el objeto indígena. Si el observador es el centro, el objeto indígena es alterizado, marginalizado. Al negar una identidad al traductor o al observador se le da mucho poder porque, en realidad, el hecho de que un etnógrafo traduzca «tapu» como «forbidden» habla más de él que de la costumbre indígena.

Un ejemplo de esto fue leer que en Aotearoa (Nueva Zelanda), un comisario de ascendencia maorí montó una exposición de armas de guerra maoríes y a las mujeres embarazadas se les pidió no asistir. Cuando leí esto me indigné y caí en la trampa de pensar al indígena bruto y retrógrado. Otro ejemplo es el hecho de que, en ciertos *maraes* (asambleas populares), las mujeres no hablan; desde una perspectiva indígena, lo escribe Ngahuia Murphy, esto no es represivo sino que sigue ciertas maneras de organizar el mundo que protegen la energía madre, la madre tierra. (En ciertos *maraes* sí hablan mujeres, depende de la región). Y también, la visión de la energía madre venerada puede ser muy poderosa y hasta causar la muerte si no se le acerca con cierto protocolo... Mira, es tan fuerte mi condicionamiento que me cuesta defender esto que estoy diciendo. Pero cuando lo leí desde el punto de vista de Ngahuia realmente lo entendí: A las mujeres embarazadas no se les desaconsejaba ir a la exposición para protegerlas a ellas, sino para proteger el poder bélico de las armas. Las mujeres no hablan en algunos *maraes* porque son las que toman las decisiones, no las que las explican.

M: Es tan lógico que me parece tonto no haberlo pensado en un principio.

F: ¡Y una va, ve eso y se pone toda feminista radical envalentonada! Hay un colonialismo estructural en la transmisión de saber. Tenemos que revisar la forma en la que miramos a los pueblos indígenas. Los miramos, en el mejor de los casos, con piedad, tipo «te voy a salvar». Cuando son ellos los que nos tienen que salvar a nosotros.

M: Pero la pregunta fundamental aquí y ahora es: ¿Quién es indígena? Yo creo que decir «soy europea, blanca, por lo cual, no soy indígena» es problemático. Obviamente, estamos caminando en lugares complejos, bueno, complejos para el pensamiento linear occidental, pero muy simples para el pensamiento circular indígena. Una vez más, siento que la *whiteness* es como una manera de borrar la identidad del enunciador, como el punto de vista indígena al transmitir saberes.

Hay mucha gente que me dice «ah mira, qué guay, eres una chica de color, yo soy blanca, no tengo etnicidad», como si al ser blanca una no tuviese raíces, orígenes, madre tierra, indigenidad. Entonces la *whiteness* va y borra una vez más la identidad. Por eso hablo de devenir re-indígena.

F: En Saharasia existían las *children democracies*. El autor habla de lugares especiales donde lxs niñxs, una vez cumplidos los cinco o seis años –cuando no depende más de la madre para sobrevivir, me imagino– se pasaban semanas, y hasta meses, en estos lugares. Solo entre niñxs, completamente *self-reliants* (autosuficientes), sin ningún adulto. Comían, dormían y jugaban cuando les daba la gana. Es también en el centro de esta *children democracy* donde empezaba el juego sexual entre varixs niñxs. No existía el tabú de la virginidad, pero lo que sí había eran métodos anticonceptivos.

Quiero hablarte más sobre el tema de los métodos anticonceptivos. Yo imparto talleres de un baile que se llama *twerk*. El *twerking* es una práctica diaspórica periférica (yo digo *twerkear*), pero es como el feminismo, es una palabra que limita el movimiento mismo a veces. El *twerk* es originario de New Orleans y de la *bounce cultur*, como el *voguing* del sur, *super queer*, *super pride*, nada que ver con la sanata heteronormativa que nos vendieron después. Las sanatas son cuentos. En los años noventa, el *hip hop* y el *rhythm and blues mainstream* se apropiaron de esta escena y la transformaron en un lugar exclusivo de la mirada masculina, cuando en realidad el *twerk* era una manera de resistir y de recordar (como el blues, el jazz, la capoeira, etc.) las prácticas de la diáspora africana, poblaciones redistribuidas por el comercio triangular.

Como te iba diciendo, en los talleres de *twerk* hablo del origen, de rituales y danzas de fertilidad; y siempre hay mujeres a las que le viene la luna (me refiero a la menstruación pero no me gusta llamarla regla ni tampoco menstruación), entonces, tuve una iluminación. Me di cuenta de que esos rituales de fertilidad no eran solo rituales de concepción, ¡sino de contracepción! Danzas como la del vientre, o el *twerk*, son técnicas anticonceptivas y abortivas. O sea, son técnicas de manejo de la fertilidad de una misma. Pueden ser para potenciar la fertilidad o para lo contrario. ¡Por eso son las danzas de las putas! De esto también habla Casilda Rodrigáñez, les llama «danzas sexuales», las cuales se hacían antes en círculo, hacia nosotras mismas. Luego esa circularidad se perdió y se transformaron en danzas de seducción, es decir, se empezó a danzar hacia afuera, hacia el *male gaze* (la mirada masculina). De forma que se perdió la propiedad curadora de esas danzas.

M: Gracias.

F: Gracias a ti. Me has inspirado mucho en mi vida desde que te descubrí en la casa de Edu e Isa en Rio a través de tu libro *El postporno era eso.*

M: Es un libro que escribí en un momento muy duro de mi vida. No me siento orgullosa de él en absoluto.

F: Por eso lo digo, ha sido muy bonito ver lo que a mí me pareció una transición hacia tu poder de mujer. Yo he notado esa transición, ahora tienes más paz. Es que a mí me ha pasado lo mismo y me sigue pasando. Lo de la destrucción-construcción. Nos tienen tan alienadas que a veces lo único que podemos hacer es destruir. Y lo más subversivo, lo más sanador, lo más pacífico y profundo no son las dinamitadas, sino los cambios lentos. Aunque ambos son necesarios. Dinamitar es necesario, pero luego plantar árboles y flores en los cráteres es lo que hace que se vuelva a la vida.

Anne Ionoff

Sociedades matriarcales en la actualidad

EXISTEN DIVERSAS SOCIEDADES MATRIARCALES en el mundo –o matrilineales, llámalo como quieras–. Cada una de ellas tiene sus peculiaridades. La cuestión no es semántica –matrilinealidad versus matriarcalidad, ¡qué discusión aburrida!–, la cuestión es que conocer otro tipo de organizaciones sociales no patriarcales y explorar cómo se inscribe la maternidad en ellas nos ayuda a subvertir el concepto de maternidad patriarcal impuesto y a imaginar nuevas posibilidades para maternar.

La sociedad Minangkabau, por ejemplo, es islámica y tiene matrimonio monógamo. A pesar de ello han conseguido mantener su estructura matriarcal. Existe un respeto hacia la figura de la mujer que yo no he vivido nunca en mi entorno, donde el asesinato de mujeres a manos de sus maridos es rutina. Recuerdo una anécdota que me contaron cuando estuve en Sumatra, que hacía referencia a una ocasión remota en la que un hombre había agredido sexualmente a una mujer y como consecuencia tuvo que huir del pueblo. Sí, fue el agresor el que tuvo que huir para escapar de la furia de sus vecinos y familiares.

> «Las mujeres Minangkabau son muy poderosas y heredan las tierras, las casas y el nombre de familia. Son las que guardan el dinero y las que lo gastan».

Por otra parte están los Mosuo, en China, que tienen relaciones libres y carecen de la institución del matrimonio. Las mujeres disponen de una habitación en sus casas en la que pueden recibir a sus amantes. Lxs hijxs engendrados se quedan a vivir en la casa materna y son criadxs entre toda la familia. La sexualidad nunca funda un hogar. Esto les da la libertad de establecer relaciones amorosas sin correr el peligro de que, si les va mal, pierdan el amor y la familia al mismo tiempo. Entre los Mosuo, se considera que los hombres tienen responsabilidades paternas no para con lxs niñxs que pudieran engendrar con sus amantes, sino para con lxs hijxs de sus hermanas. La aportación paterna está desligada de la paternidad biológica (o especialmente ligada, ya que lxs hijxs de tus hermanas son tu familia directa al fin y al cabo).

Otras sociedades matriarcales son los Tuareg en el norte de África o la tribu Khasi en el noroeste de India (el pueblo de Mawlynnong).

Incluyo al final de la entrevista la *Guía para una sociedad matriarcal y ecofeminista* que escribí cuando empecé a investigar sobre matriarcado. Se trata de una serie de consejos –en clave de humor– para instaurar una organización social un poquito más matriarcal en esta sociedad patriarcal en la que vivimos.

Anne Ionoff es una mujer parisina que vive con los Minangkabau desde hace ya varios años. Anne nos ofrece la posibilidad de debatir sobre el matriarcado en la actualidad a través de su propia vivencia. Está casada con un hombre que pertenece a los Minagkabau y ambos viven y trabajan en Sumatra. Son padres de Alicia, una criatura de tres años de edad que conoce tanto la selva y los campos de arroz de Indonesia, como la torre Eiffel o los campos Elíseos.

Anne es gerente de comunicaciones en Authentic Sumatra - Ricky´s Beach House, un fantástico centro de turismo que integra la vida de las personas locales con la de los visitantes. Nos conocimos allí, en un viaje que hice en 2012 para aprender más sobre este tipo de sociedades matriarcales, poco antes de quedarme embarazada de Roc.

Responde a mis preguntas desde la playa de Sumatra en el invierno de 2014.

MARÍA: Anne, cuéntame: ¿dónde vives... y cómo empezó todo?

ANNE: Actualmente vivo en el pequeño pueblo de Nagari Sungai Pinang, en el oeste de Sumatra. La aldea está a dos horas de Padang, la capital de Sumatra Occidental. Dejé París en 2011 para seguir a mi marido en Indonesia. Antes vivía en París. Trabajaba en una gran compañía de seguros de salud. Me encantaba París y todas sus facilidades. Era una chica profesional y de ciudad.

Conocí a Ricky, mi marido, en mayo del 2010 mientras pasaba un año sabático en Indonesia estudiando. Estudiaba la lengua de Indonesia en la Universidad de Pakuan, en Bogor, en la isla de Java. Tenía mucho tiempo para viajar, así que decidí ir al oeste de Sumatra para realizar uno de mis sueños: conocer a la tribu Mentawai. Fue entonces cuando conocí a Ricky, nos enamoramos y nos casamos seis meses después. Volví a Francia por algunos meses y en junio de 2011 decidí renunciar a mi vida parisina para vivir en un pequeño y remoto pueblo, Minangkabau. Pensé que la vida es corta y que quería probar una nueva vida, una nueva experiencia.

M: Me interesan mucho las sociedades matriarcales que existen en la actualidad. Aunque algunos etnógrafos dirían que las sociedades matriarcales no existen, que lo que sí existen son sociedades matrilineales. Yo creo que esos son problemas poco importantes de semántica y traducción.

Por ejemplo, he leído algunas veces que los Minangkabau son matrilineales porque la propiedad y la tierra pasan de madre a hija, mientras que son patriarcales porque los

asuntos religiosos y políticos son responsabilidad de los hombres. Estos puntos de vista están demasiado centrados en Ooccidente. Los asuntos religiosos y políticos pueden ser preocupación de los hombres por otras razones –por ejemplo que no se consideren importantes–. Una sociedad matriarcal no es lo opuesto a una patriarcal (sería como decir que el feminismo es lo contrario al sexismo y que su objetivo apunta a la «superioridad» de las mujeres).
¿Cuál es tu punto de vista sobre el matriarcado hoy en día? ¿Podrías explicarme un poco con tus propias palabras y perspectiva cómo funciona la sociedad Minangkabau?

A: Son preguntas muy interesantes, espero hacerme entender. ¿Qué palabra podría usar para definir la sociedad Minangkabau? Yo diría que «tolerancia». Porque aquí los hombres y las mujeres son absolutamente iguales.
La religión y la tradición conviven juntas (la cultura Minangkabau matriarcal tradicional se llama Adat). El Adat es incluso más fuerte que su religión. Las mujeres son muy poderosas y heredan las tierras, las casas y el nombre de familia. Son las que guardan el dinero y las que lo gastan. Normalmente los hombres trabajan y llevan el dinero a sus esposas. Los hombres tienen su poder también ya que todas las reuniones tradicionales (bodas y demás) no se pueden hacer sin ellos.
Por otro lado, no se diferencia mucho de cualquier pequeño pueblo del mundo, pues aquí la mayoría de las mujeres se quedan en casa criando, cocinando y limpiando, mientras los hombres trabajan. Por la noche los hombres juegan a las cartas en la pequeña cafetería del pueblo. Pero es así porque es un pueblo pequeño. Supongo que en las ciudades será diferente.
La gran diferencia con Europa es que los hombres no heredan nada. Si se casan con una mujer Minangkabau, ellos se mudan a la casa de la mujer. Si se divorcian, los hombres vuelven a casa de su madre. Nada les pertenece.

M: Tú has sido madre entre los Minangkabau. ¿Cómo has vivido la experiencia de la maternidad dando a luz y criando a tu hijo en los Minangkabau?

A: Tengo un profundo interrogante. Voy a responder de forma muy sincera: fue muy difícil para mí. Primero, por el nacimiento de Alicia. Nació por cesárea y médicamente todo estaba bien, pero después de su nacimiento, el personal médico se la llevó a otra habitación durante siete horas. No vi a mi bebé durante siete horas. Nació a las doce y media y solo pude verla a las siete de la mañana. Fue un gran trauma para ambas.

Aún hoy sufro por esa separación y también sufre Alicia.

En la clínica, no dejaron a mi marido cuidar de ella o ayudar a la enfermera a cambiar pañales, a darle el baño y así sucesivamente. Además, durante esas siete horas le dieron leche de fórmula, aunque mi deseo era el de amamantar. También la vacunaron sin decirme nada a pesar de que estoy en contra de la vacunación.

No pude coger a mi bebé durante sus primeras horas de vida. Yo la quería en mi pecho y en mi cuerpo y no fue posible. En vez de eso, ella estuvo sola en una habitación en una cama de plástico llorando todo lo que pudo llorar. Sola y sintiéndose abandonada.

Ahora tiene tres años y aún no puede dormir por la noche. Empieza a despertarse alrededor de las doce y media o la una. No es una coincidencia para mí. Todavía lloro al pensar en este período.

M: Anne, siento mucho lo que pasó. Espero que juntas podáis sanar esa herida. Que juntas también podamos luchar contra esa terrible injusticia que es la violencia obstétrica. Que nuestras hijas no tengan que pasar por ese dolor y vivan en un mundo donde el nacimiento sea respetado y honrado, y donde no se separe a la madre y a su criatura bajo ninguna circunstancia.

A: Así lo espero. Tuve que resolver otro problema. Aquí, en la sociedad Minangkabau, son las mujeres de la familia las que se encargan del/la recién nacidx: las abuelas, las tías, etc. Algunas de las mujeres de la familia de Ricky vinieron a nuestra casa a ayudar. Para ellas era normal y estaban felices de hacerlo. Para mí fue como una gran intrusión en mi vida. Después de estar siete horas separada de mi bebé, quería probarme a mí misma que podía cuidarla. Protegerla. Sentí que la ayuda de las mujeres era demasiado y sentí que querían quitarme mi rol de madre. Entraban en mi habitación en medio de la noche para mecer a Alicia aunque Ricky estaba con nosotras y podía ayudarnos (yo no podía moverme mucho por la cesárea). O bañándola todas las noches de una manera muy brusca cuando también Ricky podía hacerlo.

Traté de llevar la situación bien y no quejarme, pero fue demasiado y sufrí mucho por eso. Ricky y yo teníamos muchas peleas en ese momento porque francamente no me entendía. Sentimientos de madre.

M: Los primeros meses también fueron difíciles para mí y mi compañero. Emocionalmente somos muy frágiles durante el puerperio, a cada mujer se le despiertan sensaciones distintas dependiendo de su parto y de su propia vida. Es difícil acompañar sin juzgar.

A: Después de eso, me fue difícil dejar a cualquier mujer acercarse a Alicia. Me decían cómo criarla según su cultura y sus formas, pero yo tenía mis propias ideas y no quería seguir sus consejos. Una manera de rebelarme. Me tomó dieciocho meses sentirme mejor y hoy no tengo ningún problema en absoluto con las hermanas de Ricky o con cualquier otra mujer.

Lo bueno: la lactancia materna. Amamanté a Alicia y estaban muy felices con eso ya que es muy común aquí, aunque lo hacen solo hasta los dos años, nunca después de los dos años de edad. Ahora Alicia tiene tres y todavía amamanta durante la noche. Debo parecer rara para la gente de aquí.

M: ¿Cómo se abordan las cuestiones de género en la sociedad Minangkabau? ¿Hay espacio para una alternativa al binarismo de hombres y mujeres? ¿Es posible tener un espacio de género alternativo?

A: Desde mi punto de vista, las cuestiones de género siguen siendo tabú en la sociedad Minangkabau. Así como la homosexualidad y bisexualidad. Nunca he conocido a una persona transgénero aquí. Conozco a algunos gays y son bien aceptados, pero siempre vistos como un chiste. Cuando llegaron a nuestro pueblo, la gente empezó a reírse. Bromeaban mucho con ellos, pero nunca vi que les pasara nada malo o que les insultaran.

Desde mi punto de vista, hay demasiadas bromas al respecto. La gente gay juega con eso también, por supuesto. Es como una escena cómica teatral donde todo el mundo juega un papel.

Yo soy bisexual, así que la pregunta me toca mucho. Aquí nadie lo sabe excepto mi compañero.

M: Los Minangkabau son musulmanes, pero también siguen su tradición, el Adat. El Adat Minangkabau proviene de religiones animistas y de creencias budistas hindúes de antes de la llegada del islam. Así que es una cultura que ha sido capaz de mantener su estructura matriarcal abrazando nuevas culturas y creencias. Para muchas personas es difícil creer que una sociedad matriarcal puede ser también islámica, pero ¿por qué no? El islam es amor y respeto, como la esencia del matriarcado. ¿Cómo lo sientes tú?

A: Estoy de acuerdo con que el islam es amor y respeto. Y los Minangkabau pueden combinar el islam y el Adat muy bien. El Adat fue primero, por eso las personas Minangkabau están fuertemente vinculadas a su tradición, más que al islam. Todxs ellxs creen en Alá, pero no muchxs siguen las «reglas» de orar cinco veces al día o un mes completo de ayuno. No siguen ninguna regla islámica en su vida cotidiana aparte del Adat, pero oh, el Adat sí lo siguen. Las criaturas aprenden el Adat en la escuela también. Pero puedo decir que el Adat es menos fuerte que antes. Los tiempos están cambiando y las generaciones jóvenes están menos interesadas en esos temas.

Guía para una sociedad matriarcal y ecofeminista

Por María Llopis

(Publicado en mariallopis.com, 2011)

> «Los seres humanos serán más felices no cuando descubran la cura para el cáncer, lleguen a Marte, eliminen los prejuicios raciales o drenen el lago Erie, sino cuando encuentren la manera de volver a vivir en comunidades primitivas. Esa es mi utopía».
>
> KURT VONNEGUT, HIJO

Las sociedades matriarcales no son el simple recuerdo de un pasado mejor y que jamás ha de volver al que hacen referencia feminismos nostálgicos. Las sociedades matriarcales son una realidad de nuestros días, como lo demuestra la existencia de los Mosuo, una sociedad matriarcal situada en torno al lago Lugu, que se encuentra entre las provincias de Yunnan y Sichuan, en el sudoeste de China. En la actualidad cuenta con unas 56.000 personas. O los cuatro millones de Minangkabau que viven en Sumatra Occidental.

Esta guía pretende trazar una serie de reglas básicas para matriarcalizar nuestras vidas. Son tiempos estos de revolución, y el sistema patriarcal capitalista es a todas luces insostenible. Matriarcado o muerte.

1.- La unidad familiar se articula en torno a las madres.

La matriarca es elegida entre los miembros de la familia. Hijos, sobrinos, abuelos y primos viven bajo el mismo techo. Los hijos que vienen se quedan a vivir en la casa materna y son criados entre todos. Así que para tener una familia no necesitas ir a buscar a un extraño, tu familia estará siempre ahí para ti, independientemente de las relaciones amorosas que tengas en tu vida.

> «Las personas no deberían casarse, porque el amor es como las estaciones, viene y va».
>
> YANG ERCHE NAMU (MUJER MOSUO)

En la actualidad nuestras unidades familiares son catastróficas, precisamente porque se articulan en torno al amor romántico. En este sentido, el matrimonio concertado es una opción más sincera y eficaz de organización social, si nos ponemos reformistas. El objetivo sería establecer núcleos familiares que no tuvieran como base el amor romántico o la pasión sexual.

La familia matriarcal es incompatible con el matrimonio, todos sus integrantes son consanguíneos. Y la sexualidad nunca funda un hogar. Esto les da la libertad de enamorarse sin correr el peligro de que, si les va mal, pierdan amor y familia al mismo tiempo.

2.- Un cuarto propio.

Las muchachas Mosuo, a la edad de 13 o 14 años, acceden a un cuarto propio. Es una habitación que tiene acceso al interior de la vivienda común pero también tiene una segunda puerta que da al exterior. Las muchachas tienen autonomía total a la hora de decidir quién entra en esa habitación. La única regla es que sus invitados deben marcharse antes del amanecer. Pueden traer a distintos amantes cada noche, o tener siempre el mismo. No se espera ningún tipo de compromiso y los hijos que pudieran concebir serán criados en la casa de sus madres, con la ayuda de la comunidad.

Así que la primera regla para una sociedad matriarcal sería el poder disponer de un cuarto propio, como ya dijo Virginia Wolf. Pero un cuarto propio en el que las mujeres (y por lo tanto los hombres, y todo aquel que no se identifique con uno u otro sexo) puedan follar con tantas personas como quieran.

Ese cuarto propio se llama Babahuago en la cultura Mosuo y quiere decir «cuarto de las flores».

3.- Ellas lo hacen mejor.

En las sociedades matriarcales, el trabajo es la responsabilidad de las mujeres. Hay una frase que se repite en las entrevistas que leo sobre los Mosuo, y es: «Ellas lo hacen mejor». Las mujeres trabajan mejor, porque su interés no es la acumulación de capital sino el bienestar de las criaturas y de toda la comunidad.

4.- Paternidad múltiple.

Entre los Mosuo, se considera que los hombres tienen responsabilidades paternas no para con los niños que pudieran engendrar en sus visitas a los cuartos de las flores, sino para con los hijos de sus hermanas. La aportación paterna está desligada de la paternidad biológica. En la lengua de los Mosuo, *Awu* significa tanto padre como tío.

De hecho, los hijos de tus hermanas son hijos de tu misma sangre, es la única paternidad biológica certera que no supone un control de la sexualidad de la mujer. No es posible saber quién es tu hijo biológico si no hay un acuerdo previo de fidelidad.

> «Cuando Paul Le Jeune, misionero jesuita del siglo XVII, sermoneó a un indio montañés del Canadá sobre los peligros de la infidelidad desenfrenada que el jesuita había observado, recibió en respuesta una lección de paternidad bien entendida. Recordaba el religioso:

"Le dije que era deshonroso que una mujer amara a otro que no fuera su marido, y que, habiéndose extendido entre ellos este mal, él mismo no podía estar seguro de que su hijo, que estaba presente, fuera su hijo. Él me contestó: "Dices necedades. Vosotros los franceses solo amáis a vuestros hijos; pero nosotros amamos a todos los hijos de nuestra tribu"»

CHRISTOPHER RYAN Y CACILDA JETHÁ: *En el principio era el sexo: Los orígenes de la sexualidad moderna*, Paidós, Barcelona, 2012.

La base de la sociedad patriarcal es ese control de la sexualidad de la mujer, para que ellos se aseguren la paternidad y así poder dejarles en herencia sus bienes. Cuando las sociedades humanas empezaron a cultivar la tierra y a tener animales domésticos, se creó un nuevo orden social con estructuras de poder jerárquicas, propiedad privada y un cambio radical del estatus de la mujer, que pasó a estar a disposición sexual y reproductivamente del hombre.

Pero este tipo de organización social empezó 8.000 años antes de Cristo, y teniendo en cuenta que los humanos anatómicamente modernos existen desde hace no menos de 200.000 años, hace que ese tiempo sea, como mucho, un 5% de la experiencia colectiva. No es tanto. No lo aceptemos como la única realidad posible, es un invento reciente que funciona fatal.

Allá donde no se le otorga mucha importancia a la paternidad biológica, los hombres tienden a despreocuparse de la fidelidad sexual de las mujeres.

5.- Rechazo a la agresividad y gobierno consensuado.

El jefe de cada aldea es un hombre elegido por la comunidad. Una de sus principales funciones es mediar entre vecinos. Así lo explica Ricardo Coler en su libro El Reino de las mujeres: «Ser agresivos, tanto fuera como dentro de la familia, los deshonra. Ese es un rasgo marcado de la sociedad matriarcal. La violencia en todas sus variantes genera rechazo. Cualquier reacción desmedida, especialmente el uso de la fuerza, es mal vista. Lo que en nuestro mundo puede verse como valentía, virilidad o un condimento en los deportes, a ellos les resulta intolerable. El término exacto es que los avergüenza. Es por eso que recurren al jefe de la aldea para que imponga su autoridad a tiempo, antes de que las disputas se compliquen».

Los Minangkabau sostienen que no es posible el gobierno, ni de hombres ni de mujeres, ya que la toma de decisiones ha de ser consensual.

Los Mosuo sostienen que son los hombres los que deben tomar las grandes decisiones. Ricardo Coler nos lo explica también: «Las Mosuo manejan la hacienda, la vida en la propiedad y administran el dinero. Pero tomar grandes decisiones como construir algo que la familia necesita, vender un animal o emprender un viaje no es algo a lo que sean proclives. Es difícil de entender, pero las grandes decisiones no se consideran importantes».

6.- Los amantes llevan gorra.

En la puerta que da al exterior de los cuartos de las flores hay un gancho que sirve para que el visitante de esa noche deje su gorra. Así se sabe que este cuarto está ya ocupado. Supongo que si quieres más de un visitante, basta con esconder las gorras. O si esa noche no quieres visita puedes coger una vieja gorra y colgarla en el gancho. Esto son especulaciones mías. De todas formas los encuentros se concretan durante el día.

Siempre he tenido un fetiche sexual con las gorras. Los grandes amantes y amores de mi vida han llevado gorra. Quiero pensar que es un guiño de mi inconsciente al matriarcado.

7.- El respeto a la libertad individual y el rechazo social a los celos.

La costumbre prohíbe que en el hogar familiar se hable de amor o de relaciones románticas para así evitar conflictos y celos. Se espera de todo el mundo una discreción extrema. De igual forma que cada persona puede tener las relaciones que quiera, se espera que se respete la intimidad de los demás.

Manifestar celos abiertamente se considera agresivo por lo que implica de intrusión en la sagrada autonomía de otra persona, y en consecuencia, merece ser objeto de burla y escarnio.

> «En la ceremonia nupcial de los canela, los novios se tumban en una estera, cada uno con los brazos bajo la cabeza del otro, y con las piernas entrelazadas. Luego da un paso al frente el hermano de la madre de cada contrayente y advierte a la novia y a su nuevo marido que permanezcan juntos hasta que esté crecido el último de sus hijos, y les recuerdan específicamente que no han de tener celos de los amantes del otro».
>
> SARAH BLAFFER HRDY

8.- La relaciones Açia, traducidas como «matrimonio andante».

La mecánica de las relaciones Açia en la cultura Mosuo se caracteriza por un respeto reverencial a la autonomía de cada individuo independientemente de su sexo. Todos tienen la libertad de tener tantas relaciones como quieran y la relación dura mientras las personas lo quieran. Pueden tenerse varias relaciones Açia al mismo tiempo ya sea por una noche o por un periodo largo. Un voto de fidelidad sería considerado improcedente, como un intento de negociación o intercambio.

9. El bienestar de las criaturas como base de la sociedad.

Las mujeres Mosuo dan a luz y se quedan con su hijo durante un año más o menos. Después vuelven al trabajo y la abuela y las tías se ocupan de los cuidados de la criatura mientras sus madres están ocupadas. El bienestar de las criaturas es el eje fundamental de la organización social. Se tiende a pensar que un matriarcado vendría a ser lo contrario que el patriarcado: en vez de ser las mujeres las oprimidas, serían los hombres. Nada más lejos de la realidad, la crianza es la prioridad en las sociedades matriarcales.

10.- Ecología.

Los Mosuo veneran el lago Lugu como Diosa Madre, mientras que la montaña que se eleva sobre él, Ganmo, es respetada como Diosa del Amor. La filosofía social de los Minangkabau, en Sumatra, merece nuestra atención por el énfasis que coloca en conseguir el equilibrio con la naturaleza y en resolver las diferencias entre las personas.

Desgraciadamente parece que en la sociedad occidental en la que vivimos la represión de la sexualidad –incluyo la maternidad como un estadio más de nuestra sexualidad–, el patriarcado capitalista y la destrucción de la naturaleza son un paquete indivisible.

> «Las relaciones de dominación son una plaga, un veneno mortal, una peste que ha invadido la Tierra y que poco a poco va acabando con sus ecosistemas, empezando por el humano. El ser humano está destruyendo el ecosistema de toda la Tierra en la medida en que ha destruido el suyo propio. No es casualidad que las sociedades que vivían según las cualidades innatas humanas, vivían también en armonía con la madre Tierra»
>
> CASILDA RODRIGÁÑEZ, *La sexualidad y el funcionamiento de la dominación.*

Annie Sprinkle y Beth Stephens

© JManuel Vasón

Ecosexualidad
Maternidad y ecofeminismo

INVESTIGAR SOBRE LAS DISTINTAS FORMAS de subvertir la maternidad me ha llevado una y otra vez a un lugar común. Un lugar que me ha sorprendido enormemente. No esperaba, al comienzo de este viaje, acabar hablando de... ecofeminismo y ecosexualidad. Pero no hay lugar a dudas: Sentir la maternidad gozosa nos lleva, una y otra vez, a re-conectar con nuestra corporalidad, con la sensualidad del goce de los cuerpos, con nuestra naturaleza salvaje y libre. Y de ahí a la conexión profunda con la naturaleza.

Annie Sprinkle y Beth Stephens tienen un proyecto llamado Sexecology (sexecology.org), con el que realizan bodas rituales con los elementos de la naturaleza y numerosas performances y talleres por todo el mundo. El objetivo es recuperar la conexión perdida entre sexualidad y ecología. Una conexión que me parece crucial para entender la maternidad subversiva, ya que ofrece una visión de la

> «Pensamos en la figura de la madre solo como alguien que nos cuida, pero realmente la madre es la fuente de la vida. Creo que es ahí donde la conexión con la ecología es tan fuerte. Debemos ver la Tierra como fuente de vida en lugar de verla como un recurso».

sexualidad mucho más amplia y compleja. Hay muchos estadios en la sexualidad, entenderlos y gozarlos es fundamental para poder vivir la maternidad, la crianza y la vida de forma completa.

Por eso quiero acabar con esta entrevista. Porque creo que Annie y Beth han conseguido llegar a esta conclusión después de un estudio profundo de la sexualidad a través del arte, tras muchos años de trabajo. A pesar –¿o tal vez por eso mismo?– de no ser madres biológicas. Se puede ser madre de muchas otras formas. Yo las siento como madres, siento su amor materno, como estoy segura que lo sentirás tú también a lo largo de esta entrevista. La madre universal, ecosexual y gozadora.

Annie Sprinkle y Beth Stephens son artistas y madres subversivas ecosexuales. Beth es también profesora de arte en la Universidad de California y Annie es un referente en el movimiento postporno. De hecho fue la precursora, cuando allá por los noventa comenzó a realizar performances artísticas que hablaban sobre su experiencia en el mundo de la pornografía y el trabajo sexual.

La primera vez que nos encontramos fue en Berlín, en 2006, en el evento mítico organizado por Tim Stüttgen, el Post Porn Politics Symposium. Coincidimos en muchas otras ocasiones, en bodas, performances y otros eventos postpornográficos, con Tim y otros amigos comunes. Tim se fue en 2013, dejándonos un legado de amor y postporno que llevamos siempre en nuestros corazones y nuestros coños.

Hablamos por Skype entre su casa de California y mi casa en Vancouver, en enero de 2015.

MARÍA: Me encanta la parte de vuestro proyecto sobre ecosexualidad en la que proponéis que la Tierra no sea ya considerada como madre –la madre Tierra– sino como nuestra amante.

ANNIE: ¡Nos encanta ser ecosexuales! Hemos encontrado nuestra vocación. Mucha gente imagina la Tierra como madre porque «ella» nos alimenta, nos cuida y nos mantiene. Pero debe de estar cansada de haberse hecho cargo de nosotrxs durante tanto tiempo.

Nos estamos cagando en ella, literalmente, de mala manera, no en el buen sentido. La Tierra está siendo violada, abusada, envenenada, explotada... Tal vez, incluso asesinada. Creemos que la madre Tierra está en la menopausia. Así que nuestra estrategia es re-imaginar la Tierra como amante y puede que, quizás, así la gente la trate mejor. A veces, entre los amantes se da un tipo de relación más recíproca, más igualitaria, y creemos que la Tierra goza de que le digan cosas bonitas y le hagan el amor.

Sin embargo, en ocasiones, la Tierra puede ser también nuestra madre, una madre sexy, una MILF (*Mother I Would Like to Fuck*), y también nuestro padre..., es un ser queer total.

BETH: ¡Nuestrx amante trans*! ¡Una MILF multi-género! Nuestra relación con la Tierra es una relación muy trans*, genderqueer. ¡También multi-especie!

A: La ecosexualidad utiliza mucha fantasía e imaginación. ¿Por qué las fantasías sexuales tienen que ser solo con humanos? Es muy limitante. Cuando veo un cerezo cubierto de flores de color rosa eléctrico, veo el árbol usando la lencería sexy más bella. Cuando veo el mar, veo un amante con el que quiero desnudarme y en el que sumergirme y saborear en mi lengua.

B: Es también sobre el amor intergeneracional. Tiene que ver con la edad de la Tierra, la cual es muy vieja, y cuán jóvenes son los seres humanos, jovencísimos. Un cuerpo viejo es un cuerpo cansado, enfermo y destrozado que necesita mucho amor, tal como necesita un cuerpo joven y hermoso, ¿verdad? ¡La Tierra es también una GMILF![8]

8.- GMILF (siglas de *GrandMother I would Like to Fuck*, que se traduciría como «Abuela a la que me follaría»).

M: ¿De qué manera os pensáis como madres?

A: A veces somos madres de la Tierra, como cuando protestamos sobre la destrucción del medio ambiente. Odiamos ver a nuestra bebé abusada. También somos madres de un montón de jóvenes artistas que son a su vez madres con hijxs, como Madison Young y Sadie Lune. Somos como sus madres en el arte del porno. Nos gusta cuidarlas tanto como podemos. Son parte de la familia... ¡Y tú también, María! También nos vemos como abuelas. ¡Como unas GMILFS!

M: Es un placer inmenso sentir vuestro amor de madres, Annie y Beth. Gracias. Dais mucho amor al mundo y eso es muy generoso.

Muchas personas con las que estuve hablando están reconectando con la ecología a través de la experiencia de la maternidad. Ya habéis hecho esta conexión por medio del arte y la sexualidad. Tenéis una larga y profunda comprensión de la sexualidad y esta es la verdadera fuente de la naturaleza para mí.

Hacéis hermosas performances artísticas que son ecobodas (*eco-weddings*), como forma de honrar a la Tierra, al cielo, al mar, a la nieve, a las rocas, al carbón y al amor en general. Contadme algo sobre la importancia de los rituales en vuestras performances.

B: Uno de los objetivos de las bodas con elementos de la naturaleza sería el de crear espacios para que las personas conecten entre ellas como comunidad y con el planeta Tierra. La ecología es una enorme comunidad. Tenemos que cuidar, amar y honrar a nuestra comunidad, y tenemos que dar espacio a la diversidad dentro de las comunidades.

Todo cuenta. No es solo nuestra pareja casada –legal–. Me refiero a que mi compañera cuenta mucho pero..., no es solo eso, es que las comunidades son personas ¡a las que no conocemos siquiera! Gente que acabamos de conocer, todo el mundo y todo es una comunidad en potencia. Nuestras eco-bodas también presentan la ecosexualidad a la gente, porque les invitamos a hacer votos para amar, honrar y respetar un elemento de la naturaleza en particular. Esos votos conectan románticamente a estas personas con la naturaleza y con nuestro ecosistema.

¿Por qué celebrar solo un gran día de boda? Creo que debemos renovar nuestros votos de amor y cuidado tan a menudo como sea posible. Debido a que nuestra cultura celebra un único día de boda, creamos casi una separación con la comunidad en lugar de una conexión. (Re)celebrar estas uniones una y otra vez renueva esa conexión regularmente, honrando a nuestra comunidad y a la Tierra.

A: Hemos celebrado 19 eco-bodas de gran escala en nueve países y decenas de otras más pequeñas. No pedimos regalos, aunque invitamos a colaborar a distintos artistas y también a personas que no los son. Siempre tenemos alguien que se opone durante la parte: «¿Alguien se opone a esta unión? Hable ahora o calle para siempre». Hay un montón de cosas que objetar sobre las bodas normales y también damos espacio a esas voces.

Una gran parte de nuestro trabajo en los últimos nueve años trata de crear un movimiento en defensa del medio ambiente donde madres subversivas, queers, travestis, trabajadorxs del sexo, estrellas del porno, punks, anarquistas... y todos lxs «otrxs» puedan relacionarse y sentirse cómodxs. Así que nuestras bodas *ecosex* son para que esa comunidad de gente subversiva que vive fuera de las normas establecidas se reúna y haga el amor con la naturaleza. Queremos que nuestro entorno sea más sexy, divertido y diverso.

De algún modo estamos maternando a la Tierra. Somos muy protectoras, es nuestro bebé. Digamos que jugamos distintos roles y utilizamos diversos arquetipos en diferentes momentos. Antropomorfizamos a la Tierra, le damos cualidades humanas, y también lo hacemos al revés, le damos a los seres humanos cualidades de la Tierra. Tenemos que tener siempre presente que estamos hechos de agua, de polvo, de minerales, de bacterias...

Una vez hicimos una performance artística sobre maternidad subversiva y Beth se quedó embarazada. Cuando empezamos nuestra relación estábamos tan enamoradas que sentimos poder ser buenas madres. Fuimos al banco de esperma, pero no pudimos decidir qué esperma escoger. Así que realizamos una performance artística donde hicimos un concurso de baile... De esperma.

B: Escogimos diez personas del público y cada una representaba un número de donante de esperma diferente. Les pusimos sombreros en forma de espermatozoide y luego el mejor bailarín fue el que nos proporcionó su esperma. Pero no funcionó.

A: Entonces lo intentamos con esperma fresco con un par de tipos. Beth finalmente quedó embarazada con la donación de esperma del artista Keith Hennessy, pero sus óvulos eran demasiado viejos y lo perdió. No era nuestro destino. Lo pasamos muy bien ese año intentando fecundar a Beth. ¡Muy ecosexy!

B: Nuestros proyectos de arte son nuestros bebés. Nuestro nuevo perro Butch es, de alguna manera, nuestro hijo. Es un labrador negro de un año. Somos madres de nuestro perro y también es nuestro novio. También somos madres de nuestro salvaje pavo real blanco Albert, de nuestro círculo de árboles secuoya en nuestro patio, de los gatos callejeros del barrio, de nuestros calabacines...

Pensamos en la figura de la madre solo como alguien que nos cuida, pero realmente la madre es la fuente de la vida. Creo que es ahí donde la conexión con la ecología es tan fuerte. Debemos ver la Tierra como fuente de vida en lugar de verla como un recurso. Es un cambio sutil, pero también enorme. Mucha gente no respeta a su madre. Creo que es muy importante darse cuenta de quién te da la vida y amar esa fuente.

M: La vinculación entre la madre y el bebé es muy importante. Esa relación especial mamá-bebé es de tipo sexual, no de la manera que nosotros los adultos entendemos la sexualidad, sino de otro tipo.

B: Sí, se podría decir que el vínculo entre la madre y el bebé es ecosexual. Eco-sex va de ir más allá del sexo genital e incluso del romance.

A: Ecosex puede simplemente ser un intercambio de energía sensual; oler, tocar, saborear, mirar... Es ver la sexualidad y sensualidad en absolutamente todo a tu alrededor, todo el tiempo. Eso es lo que experimentamos como ecosex.

M: Vuestro trabajo se basa en una profunda comprensión de la sexualidad.

A: Sí, el sexo ha sido mi trabajo desde hace 42 años y lo mejor está por venir. Es un hecho científico que, por ejemplo, los bebés se masturban en el útero. Así que no ver a tu bebé como un ser sexual es negar una realidad. Creo que si eres una buena madre hueles a tu bebé, hueles los diferentes tipos de caca, hueles su aliento, su piel... Es una relación muy sensual.

B: ¡Y los bebés nos sienten también! Es un intercambio; no solo es tomar.

A: Por supuesto, todxs estamos conectadxs, piensa en todxs nosotrxs como parte inseparable de la Tierra. Todxs estamos hechxs de la misma materia terrestre.

B: Todxs somos todxs. No hay muchas fuentes de ADN, todo viene en su origen de unos cuantos seres.

A: La energía sexual es la fuerza vital. Cuando un rosal está repleto de rosas, esos son los genitales del rosal, las partes reproductivas. Cuando olemos las rosas, olemos el «coño» y el «esperma» de la rosa. Cuando conectas con la mirada ecosexual, ¡ves sexo por todas partes! Y definitivamente no solo genital.

M: ¿Cómo evoluciona vuestro trabajo?

B: Fluimos hacia el agua. ¡Vamos a ser las ecosexuales húmedas y salvajes! Acabamos de estrenar un nuevo sitio web, *www.theEcosexuals.org*, acerca de nuestra nueva película y la serie de performances artísticas que estamos haciendo sobre el placer, la política y la contaminación del agua. ¡El agua nos pone húmedas!

A: Creo que es realmente genial que hayas sido madre, María, y que ahora estés experimentando esta conexión con la ecología gracias a la maternidad. ¡Es tan emocionante!

B: Flotamos en el vientre de la madre como los bebés. Como adultos flotamos en nuestro propio cuerpo. Nuestro cuerpo está formado por entre un 60% y 70% de agua. ¡Flotamos en nuestro propio cuerpo!

A: O podríamos decir que nuestro cuerpo flota sobre agua. Ecosex hace algunas preguntas y observaciones interesantes. ¿El agua da su consentimiento al ser usada para tener orgasmos en la bañera de hidromasaje? ¿Podemos pedir a un árbol si quiere que lo abracen o no? ¿Cómo puede responder? ¿Es todo el sexo ecosex? ¿Cuando hacemos el amor con una persona, estamos simplemente chapoteando y haciendo olas?

M: ¿En qué estáis trabajando ahora?

A: Estamos organizando un *road trip* de siete semanas con un montón de performances para rodar el documental *Here Come the Ecosexuals!*. Vamos a hacer un gran grupo de ecosex para el Desfile del Orgullo Gay de San Francisco con una protesta para exigir que añadan la E de ecosexual al acrónimo GLBTQII. Además tenemos un contrato con la editorial de la Universidad de Minnesota para publicar un libro, *Assuming the Ecosexual Position,* un estudio sobre el trabajo que hemos hecho juntas los últimos doce años. Es la mejor prensa que podríamos haber deseado.

También estamos escribiendo un libro sobre el orgasmo femenino con la editorial Greenery que utilizará las metáforas de la naturaleza para explicar cómo tener un montón de diferentes tipos de orgasmos. Beth está terminando su tesis doctoral sobre arte y medio ambiente, analizando la obra de Joseph Beuys y el trabajo de Helen Mayer y Newton Harrison comparándolo con lo que estamos haciendo. Definitivamente hay un gran interés en la ecosexualidad. También estamos creando una Vaina de Polinización en una caravana Perris Pacer de 1976... que está siendo pintada con pintura azul brillante mientras hablamos. Será nuestro «vehículo móvil ecosex de investigación» y una instalación de arte.

B: Acabamos de recibir fondos para crear un centro en la Universidad de California en Santa Cruz, donde enseño. Lo hemos llamado el laboratorio E.A.R.T.H. (Environmental Art, Research, Theory and Happenings). Esa será nuestra aportación a la academia de nuestro programa de arte, teoría, activismo y práctica ecosex. También estamos planeando conseguir un espacio el próximo año para crear una residencia de artistas ecosexuales. ¡Espero que podamos traerte para hacer algún taller! Estamos muy cansadas de viajar y queremos que el mundo venga a nosotras.

A: ¡Hagamos un taller de maternidad ecosexual! ¿Te identificas como ecosexual ahora?

M: Sí, ¡por supuesto! Y me encanta la idea de la maternidad subversiva y ecosexual.

A: Está bien que gente hermosa como tú se defina como ecosexual. Hay varias definiciones de ecosexual y diferentes personas lo hacen también distinto. Para algunxs es sobre poliamor, o algo así, con un toque *new age.* O simplemente significa que estás involucradx en el tema del medio ambiente. El término ecosex todavía se está definiendo y creando. Intentamos dar a nuestra versión un toque queer-putón-punky.

Ese mes que pasamos con vosotrxs en 2011, en Barcelona y Gijón, con Diana Pornoterrorista, fue muy importante para nosotrxs. Fue maravilloso trabajar juntxs en el Centro de Arte Laboral con todxs lxs artistas que Pedro Soler reunió para el taller ecosex y la boda con el carbón. España fue increíble, porque nos sentíamos realmente muy influenciadas por la estética y actitudes queer punk anarquistas. ¡No sabíamos si recibiríais bien el tema ecosex!

M: Fue un gran intercambio de energía.

B: Parece que muchas de esas personas han dejado Barcelona ahora...

M: La crisis económica está haciendo las cosas muy difíciles.

A: San Francisco se ha vuelto tan caro que muchxs de nuestrxs amigxs se han mudado también. Ni siquiera lxs scorts de lujo pueden permitirse ya vivir allí. Ya no digamos lxs artistas y activistas.

B: Si no fuera por mi trabajo como profesora estaríamos nadando en las aguas del retrete... Y yo estaría haciendo trabajo sexual.

A: Beth sería una trabajadora sexual fantástica. ¡O una gran madre de las putas! Hacer de madre de putas es probablemente ilegal en Estados Unidos y, si no lo es ya, lo será pronto, tal como van las cosas.

M: ¿Un último pensamiento sobre la maternidad y el amor ecosexual?

A: La maternidad es extremadamente ecosexual. Ser bebé es ecosexual. Nacemos orgásmicxs, tenemos liberaciones de energía, está documentado en el viejo informe Kinsey. Pero a lxs bebés se les ponen pañales enseguida y no pueden tocarse durante años. Eso es triste. Creo que es importante quitar los pañales al bebé de vez en cuando para que pueda descubrir y tocar sus propios genitales.

M: Totalmente de acuerdo. ¡Y las mujeres experimentan orgasmos al dar a luz!

B: Algunas lo hacen. Otras no.

A: Es una pena que Beth y yo no podamos experimentarlo. Pero disfrutamos de muchas otras cosas divertidas y eco-sexy. Damos a luz a un movimiento. O al menos lo acompañamos. Dimos a luz a un nuevo campo de investigación –*sexecology*– que explora los lugares donde sexología y ecología se cruzan en nuestra cultura. Dimos a luz de otras formas. Nos alumbramos mutuamente en orgasmos múltiples.

B: Tenemos un montón de fetiches de la naturaleza, del más leve al más extremo. Masajeamos a la Tierra con los pies, damos gusto al suelo, a menudo admiramos las vistas de la Tierra...

A: Beth y nuestra amiga Helena Wilson corrieron desnudas a través de un campo de ortigas. Se cubrieron de ronchas rojas. ¡Ecosex puede ser muy kinky!

B: En nuestros votos de boda a la Tierra siempre decimos: «Nos comprometemos a amarte hasta que la muerte nos una para siempre».

A: Cuando muramos y entierren nuestros cuerpos, estos se descompondrán y luego darán a luz a otros árboles, u hongos mágicos, o criaturas microscópicas. Yo antes quería ser incinerada, porque no me gustaba la idea de ser comida por insectos, pero ahora estoy reconsiderándolo.

B: Nuestro perro Butch necesita algunos cuidados maternales. Quiere jugar a la pelota.

M: ¡Bien, hermosas GMILFS! ¡Id a cuidar a Butch y a jugar a la pelota!

CONCLUSIÓN

ME PEDÍS TODXS QUE ESCRIBA UNA CONCLUSIÓN, que hace falta mi voz y que defina qué son las maternidades subversivas. Y me vuelvo loca, porque yo no soy muy buena con las palabras y menos para definir conceptos. Yo he juntado a todas estas personas en este libro, porque me parece inspiradora su forma de abordar la maternidad, porque me parece que desafían al sistema establecido desde el goce y la alegría, porque me parece que hacen política radical desde la práctica y su vivencia personal. Partos extáticos, crianza compartida, crianza y creación artística, crianza y sexualidad, partenogénesis, paternidad trans*, lactivismo, matriactivismo, lactancia compartida, partería tradicional, maternidad trans-hack-feminista, sociedades matriarcales, maternidad y sociedad capitalista, maternidad y ecofeminismo... Sí, María, pero: ¿qué son las maternidades subversivas? Pues todas, todas lo son, todas las del mundo, porque ya me contarás cuál es la maternidad que se ajusta a la definición hegemónica... Es imposible ajustarse a lo que nos quieren vender como maternidad desde la medicina oficial y las políticas oficiales. Cada vivencia de la maternidad desafía a su manera el orden establecido, dinamita el mundo y lo hace nacer de nuevo. Y es en esa ruptura donde se va gestando un nuevo tipo de sociedad. La sociedad patriarcal y capitalista en la que vivimos tiene los días contados; son ciclos, la vida se compone de ciclos, y este está llegando a su fin. El cambio de paradigma que estamos viviendo con el tema de las nuevas maternidades nos muestra que estamos preparados para otro tipo de organización social.

Me he dejado a muchas personas por entrevistar, y creo que podría seguir eternamente, hasta entrevistar a todas las personas de este mundo que maternan, que cuidan, que paren y que crían, que se embarazan, que abortan, que crecen, mueren y alimentan la vida. La vida y la muerte, que todo es parte del mismo ciclo, y el/la que quiera salirse, que escriba un libro para contármelo, porque yo todavía no he conocido otro ciclo más que el de nacer y morir continuamente.

A MI MADRE

HACE UNOS AÑOS ESTABA DE FIESTA, en una de esas noches locas valencianas. Acabé follando con un ex con el que había vivido un año en un piso de Ruzafa y compartido muchas cosas hermosas. Se corrió dentro de mí de forma deliberada y cuando le increpé atónita ante lo que había hecho, me respondió que lo había hecho a propósito y que me lo merecía. Estaba dolido porque había sido yo la que había terminado la relación años atrás y esta era su forma de vengarse.

Gracias al feminismo pude disponer de la píldora del día siguiente y la cosa no fue a mayores. Y en el caso de que no hubiese funcionado y de que me hubiera quedado embarazada, tenía también la opción de abortar. Tuve suerte. Pero muchas mujeres no tienen estas opciones. En todas partes del mundo hay violaciones, matrimonios forzados, falta de acceso a anticonceptivos... y la maternidad es entonces un destino inexorable.

Mi propia madre se quedó embarazada muy joven sin desearlo. Su profesor, y cura en el colegio religioso al que asistía, se la follaba regularmente con la excusa de darle clases particulares, hasta que la dejó preñada de mí. Son maternidades que llevan también la carga del castigo que esta sociedad inflige sobre estas mujeres y sobre sus criaturas bastardas.

Quiero dedicar este libro a mi madre y a todas las mujeres que no pudieron elegir su maternidad, que la han vivido de forma dolorosamente impuesta y que no forman parte de este libro. A ellas y a sus criaturas. Deseo que la vida nos dé las herramientas para sanar nuestras heridas y ser capaces, juntas, de crear un mundo nuevo donde la maternidad y la vida sean puro gozo, siempre.

AGRADECIMIENTOS

ESTE LIBRO SE HA ESCRITO mientras mi hijo dormía sus siestas y mientras le cuidaba su papá Dani Villalba, su *nanny* canadiense Heather Parsons y su niñera en Benicàssim Elena Jaramago. Se ha escrito en condiciones precarias, porque en esta sociedad en la que vivo es muy difícil continuar con tus proyectos y criar al mismo tiempo. Las redes de crianza y de cuidados están destruidas y es un trabajo arduo reconstruirlas.

Quiero dar las gracias a toda mi tribu por su apoyo incondicional en la crianza de Roc y en la creación de este libro. Gracias a mi hermano Ismael Llopis y mi cuñis Carolina Hernández por todo vuestro amor y toda vuestra ayuda; a los abuelos Marta Suñol y Jesús Villalba por estar siempre ahí junto a nosotros, cocinando las más ricas paellas; a mi grupo de crianza en Benicàssim (Simona, Eva, Guadalupe, Bárbara, Merche, Lorena, Ivana...) y a mi grupo de crianza en Vancouver (Olga, Rox, Agata, Kate...), por todas esas citas y picnics en los que hemos compartido tanto; a mis maravillosos amigos y a todas las personas que me han ayudado a escribir este libro de una forma u otra: Alicia Murillo y David González-Company, Ana Elena Pena, Ana Claramonte, las hermanas Bárbara y Guadalupe Iserte, Itziar Ziga, Olga Caselles, Alba Sotorra, Rut Muñoz, Mireia Acero Casas, Lucía Egaña Rojas, Carmen Monzonís, Lucas Platero,

Rebekah Wilson, Diana J. Torres, Erika Irusta, Roberto Leon, Orlando Noches, Hermes Marco, Elena Valverde Murcia y Pepa Ortiz. Y a mis vecinas en Benicàssim, Natasha, Merche y Elena, por cuidar de Roc y por invitarnos a nadar en su piscina.

Gracias a mi abuela María Lidón Peris Pascual, a mi abuelo Rafael Sainz Fernández, a mi madre Reyes Navarro Peris y a mi padre Ismael Llopis Cruz, por criarme y amarme y por continuar haciéndolo desde donde quiera que estéis.

Quisiera agradecer especialmente a mi compañero de crianza y de vida salvaje Dani Villalba su esfuerzo para que este libro sea posible.

Y por último, gracias a la revista Píkara por su apoyo, a la plataforma Verkami por ayudarme a construir este sueño y a cada una de las personas que lo apoyó cuando solo era una idea para un proyecto más de *crowdfunding*:

Yella Cremer, Ana Elena Pena, Mireia Acero Casas, Cris y Rafa de TheLab, Alex Miras, Arlette Cloutour, VicenteBelles, fusco, cpnii, Lola Clavo, LdyKatana, LCC, MRP, Sabina Đogić, Laura Tárrega, Elena Valverde, Pamela María Palenciano Jódar, Bárbara Iserte Aznar, Virginie de Paris, José Manuel Braña Álvarez, Maite Ruíz González, Ana María Rio Poncela, Diego Vites García, Aroa Ferrer San Andrés, Inmaculada Mas Álvarez, Michelle Walks, Amaia, Jiménez aristizabal, Rafael Guilhem Álvarez Brunel, Erika Rojas Barrantes, Annie Sprinkle, Lídia Sarda CLua, Isabelle Belles, Pedro Soler, Nadia Aparecida Trevizoli de Carvalho, Lorenzo Moreno, Scarlett McIntosh, Gwendolyn von Klan, Macarena Carrión Flores, Elizabeth Shield, Vanessa Oniboni, Francesca Llopis Planas, Jaume Nualart Vilaplana, Janna Woods, Mithu Melanie Sanyal, Elisa Monteil, Tatjana Mesar, Fiore Federica, Dominique Bernat de Naeyer, Manuel Vason, Steffi Müller, Maria Ferraz Dobarro, Sara Álvarez Pérez, Léa Faroud, Frida Philomena Blitz, Kesley Cage, Arrate Cabrero Aransay, Eva Kunin, Doro Petersen, Giulia Maero, Tina Voreadi, Carmen Monzonís

López, Davinia Lopez Vidal, Erika Irusta Rodríguez, Núria Sadurní i Balcells, Isadora Reig Castán, Frida Viñas Gutiérrez, Leticia Bermejo Borobia, Irune Urrizelki Berro, Oihana Etxebarrieta Legrand, Encarnac, Ana Maria Valenzuela Lamas, Sr Fermín Panzevic, Tormenta, Mireia Nogueras Bulbena, Mireia Acero, Margarita Guimarey Alvarez, Cristina Magdalena Guzman Arias, Garazi Lara Icaza, Angela Kethor Soto Guerra, Amparo Morán Dorado, Helen Bertels, Judit Martín i López, Família Verkami, Lara Manzanera López, Mireia Nieto, María de Celis, Sandra, Xènia Torner Mauri, Heyssel Solano, Carlos Lopera Casas, Javier Aguila Morales, dulzet dlz, Be Lén, Jeni Rodríguez, per a Aitana i Sàlvia, María González Olmo, Pepa Dominguez, Aranzazu Iza Zabala, Lupe Escoto, Carmen Fando, Encarna Llor Mourente, Helena Feliu Garcia, MartaEla, Naiara Garate Mantzizidor, Belén Piera Tarazona, Keta Capdevila Werning, Celia Viñado Mañes, Josep Ribas i Carmona, Cristina Lliteras Llompart, Maria,, Rodriguez Chacón, Ainara Sautu, Nely Vicario Vivar, Guadalupe Iserte Aznar, GuruOsto, Eva González Mariscal, Sandra Hernandez Pretel, Irene Garrcía Zurita, Maria Escalona Ponce, Ester Escudero Espinalt, Emma Gil, María Eugenia Zamorano García, Chloe y Jontxu, Flor Martínez Yustas, Luisa Cantón Corbacho, Lucia Dalama Torres, EstrataGema, Fanny pla, Nat, Jess B. Álvarez, lupe, Libraría LiLa de Lilith, Sara Cendán Masip, Ángela, Lavilla Cañedo, Sabela Agrelo Castro, Maria Gómez i Pau Redón, Lucía Egaña Rojas, Muestra Marrana, Mercè Otero Vidal - Ca la dona, Patricia Alonso del Torno, Carlos i Laura de Secardit, Christelle Faucoulanche, Penelope Ramirez Agustins, Alexterior, Mercé Roure, Jose Antonio Langarita, Amelia García, Vesna Bolan_a, Blanca Garcia Tenes, Munx&Noi, Sara Pena, Mª Aurelis, Esther Canarias Fernández-Cavada, dina pegamoide, Simone Machado, Alejandra Alanís Tec, Nuria Antón, LRM CIDII, Marina Navarro Soriano, Cecilia Batiste Troyano, Fuen Garrofé Montes, Teresa Pineda Sánchez-Garrido, Bea y Doan, Clara Pons, Mai Insua, Alba Cividanes, Olatz Bilbao, Patricia

Bas Villanueva, kukisanban, Sara Laguz, Noelia GR, Beatriz Vallina, Esther Rodil, Sara faus peiro, Maria Fidalgo, Lo de arriba, Rut Muñoz, Helena Flores Navarro, Margarida Corral Sánchez, Leticia Castro Torres, Izaskun Ares, Nuria Pahino, Marion Cruza Le Bihan, Ana Villalonga & Kris Darias, Paula Marqués Marqués, Aïda, Laura Gascon Herrero, Laura Yustas, Estemon, María Calle Suárez, Marta K., Maribel Ballesteros Rodríguez, Toni Rubio, Belén Sanchis, Isabel Martínez Prados, Gebra Elisabet Gullon, Vanina Santos De Marzo, lucia janto, Marina Garcia Morote, Fundación Eomaia, Jose Muñoz Bolívar, Ismael Alonso, Zoé, Raquel Sanguino Gómez (Biotienda El Arrumaco), Juan Litera, Silvia V., Aitziber Salinas, Adriana Detrell, Azucena Maire Montero, Paulapé, Lynn Wallace, Itsasne Gaubeca, Griselda Casadellà Cunillera, Isaac Monclús, Daniel Santacatalina, Sefa Iñiguez Clemente, Aliciuda, Mireia Gallardo Avellán, Saleta Alonso Barreiro, Tsuci, Veronica Juzgado González, Ire, Alba Sotorra, Autopoetika Arteklab, Simone Irigaray Rubin, Tobaron Waxman, Caroline Shepherd, Lucía Latorre, Florencia Marchetti, Nathalie Pepino, black, Alice MacKenzie, Alexa, Porteo Natural, Arantxa Correas Cebrian, Estefania Garcia, Melania Fraga, Dasein Seescribe Junto, Vanesa Almela, Pepa Martín Martínez, Sara, Yanet Acosta, Krixtina Fresquet, paolapolilla, Sara, , LeilZahra, xavix, mj, Elisa, Lozano Chiarlones, Clara Cabrera, elenac, isa, Lidia, Alicia Murillo Ruiz, Laura Luz, supro, rizlinha, Ileana Medina Hernández, Hannibal, Leticia Estévez Sánchez, Elsa, Sandra Bosch, Helen, Uztaritze, Lola Mela y Mariuka Uka.

GLOSARIO

Aquí podéis encontrar las definiciones de algunos términos utilizados en las entrevistas. En muchos casos son las propias personas expertas en cada uno de los temas las que los explican.

Doula

Ana Claramonte define doula como una mujer con experiencia en la maternidad, que acompaña sin juicio el embarazo, el parto o el puerperio. También las pérdidas gestacionales y los abortos. Acompaña sin juicio. Cuenta con información y formación básicas para un mejor desarrollo en la labor misma de acompañar, aunque no para ejercer ningún criterio sobre las decisiones de la mujer o de la familia. Acompaña desde la humildad, la escucha, con una autorevisión constante y desde el respeto y la honra a los procesos naturales de la vida y en concreto de la sexualidad femenina.

Ecofeminismo

Es la alianza del feminismo y la ecología. Señala que la explotación de la Tierra y de las mujeres van a la par y son la base de la sociedad patriarcal y capitalista. El ecofeminismo radical supone la recuperación de los valores matriarcales y el fin de la sociedad capitalista.

Extincionista

Persona que considera que la humanidad es una lacra para el planeta y que prefiere no tener hijxs para así no contribuir a la perpetuación de la especie.

Identidad de género / expresión de género / orientación sexual / sexo biológico

Los conceptos de identidad de género, expresión de género, orientación sexual y sexo biológico son independientes entre sí. Por un lado está la identidad de género (mujer, queer u hombre) que se refiere a cómo tú te sientes y piensas sobre ti mismx. Por otro lado está la expresión de género (femenina, andrógina o masculina) que habla de cómo tú decides mostrarte al mundo y que está basada en los roles de género tradicionales. Después está el sexo biológico –o el sexo de las bestias, lo llamo yo (hembra, intersexual o macho)– que se refiere a nuestros órganos sexuales y reproductivos, así como a los niveles hormonales. Y finalmente la orientación sexual (heterosexual, bisexual, homosexual; o queer si queremos salirnos de la rigidez que yo creo imponen estas etiquetas) que tiene que ver con hacia qué tipo de persona te sientes atraído física, espiritual y emocionalmente.

Intersexualidad

En el blog *mibebeintersexual.wordpress.com*, se define la intersexualidad de una forma muy hermosa:

> «Como papás de un bebe intersexual, vamos a explicar desde nuestro punto de vista, tal característica de nuestro bebé, porque para nosotros es eso, una característica más que define a nuestrx hijx, como color de ojos, color de pelo, tono de piel, etc.
>
> ¿Por qué queremos poner una descripción propia?
>
> Pues porque consideramos, al igual que la mayoría de personas intersexuales que conocemos, que las definiciones médicas no les identifican. Pues los médicos solo hablan de patologías, desórdenes, problemas, etc. Por no decir peores palabras que nosotros mismos como padres hemos llegado a escuchar por parte de los médicos y queremos pensar que son inducidas por falta de conocimiento sobre la materia.
>
> Físicamente la intersexualidad es muy diversa, pero coinciden todas con que sus aparatos genitales y reproduc-

tivos no son ni totalmente masculinos, ni totalmente femeninos; pueden ser un poco de ambos, o ni uno, ni otro. Al fin y al cabo, no entran dentro de lo conocido como chico o chica, más bien se quedan en el medio. Algo a nuestro parecer bello y que demuestra que los géneros no están tan diferenciados, pues nadie en realidad es totalmente hombre, ni nadie es totalmente mujer.

Sobre la identidad de género, es muy diverso también, se pueden identificar como hombres, como mujeres o ni lo uno ni lo otro, algo más intermedio».

MaPa, Ma-Paternidad

MaPa es el término elegido por muchas personas como alternativa al binomio padre/madre. Si una persona no se identifica ni como hombre ni como mujer, tampoco se siente cómoda en el binarismo madre/padre.

A veces cuando las personas se refieren a su paternidad/maternidad en inglés utilizan el término *parenting* como neutro y genérico. Pero paternidad en castellano –y también en inglés– remite al padre, a la forma latina *pater,* y pierde ese carácter genérico tan importante. Así que he decidido traducir el término como Ma-Paternidad porque me parece más fiel al mensaje que estas personas quieren hacernos llegar.

Parto extático / parto orgásmico

Parto en el que la mujer experimenta placer en las contracciones, que puede o no llevar al orgasmo.

Parto en el que la mujer experimenta placer en las contracciones, expulsivo y cualquier otra fase del mismo, que puede o no llevar al orgasmo y que puede o no combinarse con dolor.

Postporno

Annie Sprinkle, la madre y abuela del movimiento postporno, lo define así:

«Una persona *Post Porn Modernist* crea un material sexualmente explícito que es mucho más artístico, conceptual, experimental, político o humorístico que el simbólico porno convencional. Suele tener una sensibilidad crítica y aunque generalmente contiene un poco de sexo duro, no se centra en ser "erótico"»[9]. El *Post Porn Modernism* es el género en el que trabaja el *Post Porn Modernist* –actualmente y más popularmente llamado post porno, para abreviar–.

Annie Sprinkle acuñó el término *Post Porn Modernist* en 1988 al necesitar un título para su primera obra de teatro en solitario. Dejó el trabajo de actriz porno convencional para ser una artista de performance. Coincidió con el título del artista holandés Wink Van Kempen para su exhibición en Rotterdam, *Porn Modernism* (1986). Implicaba algo tanto artístico como pornográfico. Sprinkle viajó con *Post Porn Modernist* durante cinco años por 16 países. También llamó a su libro autobiográfico *Post Porn Modernist*. El espectáculo, el libro y su título llegaron a ser muy conocidos trayendo consigo la popularización del término.

La mejor amiga y frecuente colaboradora de Sprinkle, Veronica Vera, creadora de la Academia para Chicos Que Quieren Ser Chicas, escribió el Manifiesto *Post Porn Modernist* en 1989, y que Sprinkle incluyó en sus programas de teatro. «Sic... Acogemos nuestros genitales como parte, no separados de nuestro espíritu. Utilizamos palabras sexualmente explícitas, fotos, performances artísticas para comunicar nuestras ideas y emociones. Denunciamos la censura sexual como contra-arte e inhumano. Nos empoderamos a través de esta actitud del sexo-positivismo. Y con este amor hacia nuestra propia persona sexual nos divertimos, sanamos al mundo y continuamos».

Otros artistas y académicos han adoptado y se han adaptado a los términos, tal como Paul B. Preciado, quien definió *post-pornography* en el año 2002 como «una serie de performances, representaciones y prácticas audiovisuales, intervenciones y textos activistas que, inspirados en la obra

9.- La traducción es de Natividad Mateos Lucero y mía.

de Annie Sprinkle, descentra la mirada pornográfica dominante, cuestiona los códigos de representación normativos de pornografía y crea nuevos espacios para la producción de cuerpos y placeres feministas y queer». En 2003, Preciado organizó el Post Porn Marathon en el Museo de Arte Contemporáneo de Barcelona (MACBA), «el primer encuentro internacional de artistas, activistas queer, cineastas y teóricos siguiendo la iniciativa de Annie Sprinkle y trabajando en prácticas post pornográficas».

El artista/teórico Tim Stüttgen organizó la Conferencia Políticas del Post Porno en Berlín en 2007 y escribió un libro con el título. Escribió: «Identificando con alegría, independencia y voluntad el rendimiento sexual, Sprinkle nos hizo pensar sobre el sexo como un contra-placer queer/feminista más allá del marco creador de víctimas de la censura y del tabú. Hoy en día numerosxs artistas americanxs y europexs, grupos de performances y algunxs pornógrafxs definen su trabajo como post porno, como Charles Gatewood, Post Op, Dr. Carol Queen, Orgia, Girls Who Like Porno, Tina Butcher *aka* Madison Young, Tristan Taormino, Sadie Lune, María Llopis, Diana Pornoterrorista y Del LaGrace Volcano. Otros artistas cuyo trabajo podría describirse como del «post porno» son Marina Abramovic (Balkan Erotic Epoc), Ron Athey, Matthew Barney, Fuck for Forest, Jeff Koons and Cicciolina».

Puerperio

Es el periodo que sigue inmediatamente al parto, puede alargarse a 40 días en muchas culturas y también más tiempo, depende de la mujer, de la criatura y de las circunstancias. Es muy importante respetarlo, para permitir que la madre y su criatura disfruten de la intimidad que necesitan. Es muy importante también cuidar de la mujer en esa fase, ya que el parto o la cesárea dejan a esta agotada físicamente (y emocionalmente) y al cuerpo (y al alma) les cuesta recuperarse.

Queer, movimiento queer

Para Paul B. Preciado, este término trata de designar a un «movimiento post-identitario»: una posición de crítica atenta a los procesos de exclusión y de marginalización que genera toda ficción identitaria, tanto dentro de sociedades heterosexuales como en la cultura gay.

Trans*

Raquel (Lucas) Platero Méndez define así «trans*» en su libro *Trans*exualidades. Acompañamiento, factores de salud y recursos educativos* (Bellaterra, 2014): «Se usa preferentemente el término "trans*" (con un asterisco) como un concepto "paraguas" que puede incluir diferentes expresiones e identidades de género, como son: trans, transexual, transgénero, etc. Lo que el asterisco añade es señalar la heterogeneidad a la hora concebir el cuerpo, la identidad y las vivencias que van más allá de las normas sociales binarias impuestas. Trans*, trans y transgénero son términos que tienen en común ser autoelegidos por sus protagonistas, frente a aquellos que provienen del ámbito médico y que señalan una patología. El asterisco quiere especificar que se pueden tener luchas comunes, al tiempo que reconocer que hay muchas otras cuestiones en las que no hay un consenso o una única visión de lo que supone ser trans, trans*, transexual o transgénero».

Transfeminismo

La feminista Laura Bugalho define el transfeminismo como la suma de todas las luchas que surgen desde los márgenes de las sociedades interaccionando inteligentemente entre sí, creando sinergias desde la confluencia de las redes trans-marica-bollo-puta-inmigrante y teniendo como base los feminismos.

Bairacli de Levy, Juliette: *Nature´s Children,* Ash tree publishing, NY, 1997.

Bright, Susie: *Mommy´s little girl. On sex, motherhood, porn and cherry pie,* Thunder´s mouth press, 2003.

Coler, Ricardo: *El reino de las mujeres: El último matriarcado,* Temas de hoy, Madrid, 2007

Davis, Elizabeth y Pascali-Bonaro, Debra: *Orgasmic birth, Your Guide to a Safe, Satisfying and Pleasurable Birth Experience,* Rodale Books, Emmaus, 2010.

Demeo, James: *Saharasia: The 4000 BCE Origins of Child Abuse, Sex-Repression, Warfare and Social Violence, in the Deserts of the Old World,* Natural Energy Works, 1998.

Ehrenreich, Barbara y English, Deirdre: *Witches, Midwives, and Nurses: A History of Women Healers* , Feminist Press, CUNY, 2010.

Erche Namu, Yang y Mathiew, Christine; *Leaving Mother Lake. A girlhood at the edge of the world,* Little Brown and company, 2003.

Federici, Silvia: *Calibán y la bruja,* Traficantes de Sueños, Madrid, 2010.

Halberstam, J. Jack: *Gaga Feminism: Sex, Gender, and the End of Normal,* Beacon Press, Boston, 2012.

Hernández Catalán, Rosario: *El agua duerme,* ediciones Atlantis, Aranjuez, 2014.

Hua, Cai: *A Society without fathers or husbands,* Zone Books, NY, 2001.

J. Torres, Diana: *Coño potens. Manual sobre su poder, su próstata y sus fluidos*, Txalaparta, Tafalla, 2015.

Jetha, Cacilda y Ryan, Christopher: *En el principio era el sexo. Los orígenes de la sexualidad moderna. Cómo nos emparejamos y por qué nos separamos*, Paidós Ibérica, Barcelona, 2012.

Liedhoff, Jean: *El concepto del continuum: En busca del bienestar perdido*, editorial Ob Stare, Santa Cruz de Tenerife, 2011.

Mason, Paul: *Postcapitalism. A guide to our future*, Allen Lane, UK, 2015.

May Gaskin, Ina: *Partería Espiritual*, editorial Mujer Sabia.

McCracken, Leilah: *Resexualizing birth, a collection of essays by*, Canadá, 2002.

Moreno Wray, Andrea: *Puntos de Partida. Relatos de tradición. Creación literaria y recopilación de tradición oral sobre el mundo de las parteras*, Ministerio de Cultura y Patrimonio del Ecuador, Ecuador, 2013.

Nieto, Mireia: *Genealogías. Como abordar el árbol genealógico en el siglo XXI*, Editorial Tataranietos, Barcelona, 2014.

Northrup, Chistiane: *Women´s bodies, Women´s wisdom. Creating Physical and emotional health and healing*, Random House, 2010.

Odent, Michel: *Las funciones de los orgasmos*, editorial Ob Stare, Santa Cruz de Tenerife, 2009.

Odent, Michel; *Childbirth and the future of homo sapiens*, Pinter and Martin, London, 2013.

Olmo, Carolina del: *Dónde está mi tribu. Maternidad y crianza en una sociedad individualista*, Traficantes de Sueños, Madrid, 2013.

Pérez San Martín, Pabla: *Manual introductorio a la Ginecología Natural*, autoedición, 2015.

Pérez San Martín, Pabla: *Del cuerpo a las raíces. Uso de plantas medicinales para la salud sexual y reproductiva de la mujer*, La picadora de papel, Olmué, 2011.

Reeves Sanday, Peggy: *Women at the center. Life in a modern Matriarchy*, Cornell University Press, Ithaca, 2003.

Regan, Lesley: *Miscarriage. Ahat every woman needs to know. A positive approach*, Orion books, London, 2001.

Reich, Wilhem: *La función del orgasmo*, Paidós Ibérica, Barcelona, 2010.

Ricoy Olariaga, Jesusa: *Madre, el último tabú: Reflexiones sobre violencia obstétrica*, 2015.

Rigoglioso, Marguerite: *The Cult of Divine Birth in Ancient Greece y Virgin Mother Goddesses of Antiquity*, Palgrave, 2010.

Rodrigáñez, Casilda: *La sexualidad y el funcionamiento de la dominación*, autoedición, 2008.

Rodrigáñez, Casilda: *El Asalto al Hades*, autoedición, 2008.

Rodrigáñez, Casilda y Cachafeiro, Ana: *La represión del deseo materno y la génesis del estado de sumisión inconsciente, Pariremos con placer*, Nossa y Jara ediciones Madre Tierra, 1996.

Schmid, Verena: *El dolor del parto*, editorial Ob Stare, Santa Cruz de Tenerife, 2010.

Silverberg, Cory y Fiona Smyth: *¿Cómo se hace un bebé?*, editorial Beascoa, 2014.

Solter, Aletha: *Mi bebé lo entiende todo*, ediciones Medici, Barcelona, 2010.

VVAA: *Our bodies, ourselves. A health book by and for women*, Penguin books, 1971.

Wiener, Gabriela: *Nueve lunas*, Random House, 2009.

Wolf, Naomi: *Misconceptions. Truth, Lies, and the Unexpected on the Journey to Motherhood*, Random House, 2003.

Young, Madison: *Daddy, A memoir*, Barnacle Books, Los Ángeles, 2014.

Young, Madison: *Memorias de una sumisa*, Melusina, Barcelona, 2015.

Ziga, Itziar; *Malditas: Una estirpe transfeminista*, Txalaparta, Tafalla, 2015.

DOCUMENTALES

He, Xiaodan; *The Fall of Womenland*, 2009
Lahood, Grant: *Intersexion. Ponsonby productions*, Nueva Zelanda, 2012.
Pascali-Bonaro, Debra: *Orgasmic Birth: The Best-Kept Secret*, USA, 2008.
Sol, Jo: *Fake Orgasm*, Barcelona, 2010.
Young, Madison: *Pregnant with desire.*
Production Company - Good Releasing, 2010/2011, Producer - Coyote Days.

ÍNDICE

Este libro,
MATERNIDADE SUBVERSIVAS
se terminó de diseñar, componer y maquetar en Bilbao,
en el taller gráfico de MONTI DISEINU GRAFIKOA,
cuando se cumplen 224 años desde que la reina francesa
María Antonieta recibiese la Declaración de los Derechos de
la Mujer y la Ciudadana, enviada por Olympe de Gouges,
utilizándose para ello la familia tipográfica Celeste
creada digitalmente por Chris Burke en 1990.

Aurkeztu dizugun liburuaren eduki, itxura edo inprimaketari buruzko iritzia guri helarazi nahi izanez gero, bidal iezaguzu. Zinez eskertuko dizugu.

La Editorial le quedará muy reconocida si usted le comunica su opinión acerca del libro que le ofrecemos, así como sobre su presentación e impresión. Le agradecemos también cualquier otra sugerencia.

EDITORIAL TXALAPARTA S.L.L.
San Isidro 35-1A
Apartado de correos 78
31300 TAFALLA
Nafarroa
Tfno.: 948 70 39 34
txalaparta@txalaparta.com
www.txalaparta.eus